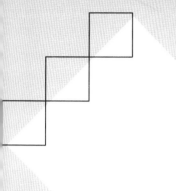

習慣心理學與論文寫作應用

Habit psychology and it's application
to scientific writings

五南圖書出版公司 印行

作者簡介

柯永河

　　1930 年出生於臺灣南投的一個農家子弟，1953 年畢業於臺灣大學心理學系，為臺大心理系第一屆畢業生。之後赴美進修，取得密西根大學臨床心理學碩士與博士學位。1960 年起受聘於臺大心理學系，歷任心理學系系主任、臺大學生輔導中心主任，至 2000 年退休後，仍以名譽教授身分，但不支薪式持續教學工作至 2022 年。

　　柯永河教授歷任中國心理學會理事長、中華民國心理衛生協會理事長，台灣臨床心理學會名譽理事長等職，一生投入臺灣心理衛生的學術與實務工作。於心理衛生協會任職期間積極推動《心理衛生法》，為今《精神衛生法》、《心理師法》等之前身，為臺灣的心理衛生體系與心理師證照制度立下基礎。

　　在臨床心理學學術上，所開發的《柯氏性格量表》（KMHQ）為早年沒有合適心理衡鑑工具的台灣臨床心理界開出實務新路，至今

應用廣泛，柯永河教授並因此工具之編製成功以及對「習慣心理學」理論之提倡，獲頒行政院傑出科學與技術人才獎。之後，他更深地投入「習慣心理學」之研究與教學，以其為畢生志業，並配合習慣理論，由此進一步研發《健康、性格、習慣量表》（HPH），亦深具臨床應用價值。

柯永河教授勤於教學，於臺大心理系開設臨床心理博士班課程，包括吳英璋、余德慧、柯慧貞、許文耀、張素鳳、梁培勇、李錦虹、陳淑惠等傑出臨床心理學家均是他的學生。他亦勤於寫作，著有《人性的好園丁：羅嘉思》、《心理衛生學》（上、下冊）、《臨床心理學》（上、下冊）、《臨床神經心理學概論》、《心理治療與衛生：我在晤談椅上四十年》（上、下冊）、《習慣心理學》、《生活藝術心理學 13 講》等書。

不管是引進國外的臨床神經心理學新知，或是編製心理衡鑑量表、推動心理衛生工作、開發習慣心理學之理論與應用等等，柯永河教授一生都扮演臺灣臨床心理學開拓者的角色，因而獲頒台灣心理治療與心理衛生聯合年會終身成就獎、台灣臨床心理學會終身成就獎，被譽為臺灣臨床心理學之父。

於 2020 年 12 月，鑑於柯永河教授對臺灣心理學界有多方面的貢獻，台灣心理學會頒發終身成就貢獻獎。

從習慣心理學的觀點談如何寫一本好書或一篇好文章？

長久以來，每天早上吃了一片烤好的麵包、喝了半杯三合一雀巢咖啡加半杯鮮奶的「拿鐵咖啡」後，我就習慣性的打開聯合報 A2 版的社論、黑白集和 A13 版民意論壇的名人堂。因為看了這三欄刊載的文章，就可兼收國內外最近重要新聞，與學習如何寫一篇好專欄的道理與技巧。

習慣性地選讀這些專欄之後，心中就慢慢地形成了一種分辨「這是一篇好文章」和「這一篇文章不怎樣」之批評習慣。雖然心中很明白，自己並不是成名的作家或文學家，根本不夠資格也不應該批評這些專欄作家文章的好與不好。

提到批評專欄文章，就想起自己多年前，在本國政府某一部級機構發行的月刊擔任專欄執筆人的經驗。那時，我得到國科會推薦榮獲行政院科技貢獻獎，而國內各大報將此消息以大幅版面刊載出來，連住在南投縣鄉下的親人都知道此事；所以，該月刊的負責人就請我在月刊專欄介紹得獎的習慣心理學概念，以及柯氏性格量表的應用價值以便推廣使用。

那時，我陸續寫了大概半年之久，專心全意，介紹習慣概念與柯氏量表的精粹，不管自己寫的文章是好的或不好的。現在回想起來，如果有人批評我的文章寫得並不怎樣，我一定深感不是滋味。

可惜，那段時間沒有人討論我在該專欄文章的好壞；如果有，我一定從那時起會因禍而得福地更注意如何才能寫一篇好文章。

去年，我的《夢之心理學》在累積多年的努力掙扎冒險後，終於出爐了。在努力過程中，一路由出版社指定一位全責編輯人，幫助我把交

給出版社的初稿作了三次的大小幅修改，終於獲得雙方都滿意的文章，才把整本書印出來。該次的撰寫經驗讓我對撰文之事開始有了很深的反思。

該事件之前，我對撰書的想法還停留在幼稚的純自我中心狀態，認為我有我獨特的撰文風格。那是好的，別人不能也不可評論，而只能欣賞學習與體會。但撰寫了《夢之心理學》之後，我那種要不得的「純自我中心」寫作心態完全改變了。

那次的前前後後經驗，變成一句心中常重複出現的聲音，不斷地告訴我自己：文章是寫給別人看的，不是給自己欣賞的。當然我們要表達的主要目的是讓自己覺察到的心中所思與所感是什麼，而這種覺察表達你可以用大聲或小聲的喃喃自語，或嘆氣、大哭、狂罵或高興、吶喊等方式就可以了。然而，若要用一本書或用一篇文章的方式表達出來，那就不僅要寫出自己心中所思、所感，更要讓別人能夠領悟你心中的那一切，不然為什麼還要辛辛苦苦地寫一篇文章或一本書？有了這一番自我檢討與反思之後，我就開始問自己：「什麼是寫文章與撰寫書的好習慣？」如此一問，我就不自主地陷入以下的思考旋渦裡去。

我想：經過幾千年的傳承，每一個社會都會產生特有的說話和寫文章的語言溝通方式，而這特有的文章溝通方式又透過多年的變化，它的方式就變得更規格化；而這更規格化經過一段時間之後就變成一種習慣。有句話說「習慣成自然」。其意是一個人若要把他心中所思、所感的內容以文章向他人表達時，則一定要學習以那規格化的文句或文章寫出來。而那個人在學習過程中，因沒有受嚴格訓練所以不知道還有其他更好方式可用，因此逐漸養成極不容易改變，千篇一律很呆板不好讀的撰寫習慣。

其實，可用於表達心中所思、所感的語言表達方式不勝枚舉，而其中有最好、中等與最不好之分。最好的我們可稱其謂「最好的表達習慣」。什麼樣的才可稱為最好、最高級的表達或撰文習慣呢？我們在此暫時界定為如下：亦即「以最少字數，但能最清楚地讓讀者了解你自己

心中所思與所感的內容，使對方讀了你的文章後久久忘不了它。」

　　本書的主旨是以上面所界定的良好習慣觀點，討論如何撰寫一本好書或一篇好文章。

　　為了達成本書的上述目的，筆者初步將討論內容分成如下幾章：

第一章：人類以外的其他現存所有生物是否也會依據進化論的「適者生存」天擇原則，產生一則特有習慣與其同類溝通？而牠們的這個溝通習慣也有好壞的分別。

第二章：人類自古以來如何與其他人溝通？而其溝通習慣如何地演變到目前較好的溝通習慣？

第三章：在不同種族不同文化社會，人的語言溝通習慣是怎樣發展過來的？

第四章：現代人類語言溝通習慣的共同點是什麼？

第五章：現代人類的哪些語言溝通習慣會因社會文化之不同而有所不同？

第六章：一句更好的溝通用語裡基本上包含有哪些詞類？這些詞類對於好的溝通習慣之形成分別具有什麼特殊功能？

第七章：什麼是代名詞、副詞、比較詞、介詞、連接詞；它們分別對於溝通的清楚化、順暢化、生動化，以及好記憶化具有什麼功能？

第八章：散文、文言文、白話文等適當混合使用的撰寫習慣有助於改變一篇文章或一本書的好壞程度嗎？

第九章：最好的一篇文章應具備哪一些好的寫作習慣？如何找出這些好的寫作習慣？迄今有哪些具體客觀的好或不好文章的判別習慣？

第十章：總結與建議。

目　錄

第一章
緒論：寫作習慣

一、發生在寫這本書之前的事

三年前，世局頗不看好，心中免不了有「山雨欲來，風滿樓」的不安全感，晚上也睡不好，可能因此做了一場怪夢。夢中我生了一對男嬰，是同卵生的雙胞胎，都很健康，頭也好大，圓圓的很好看，象徵著將來一定很聰明，學問上一定很有成就與貢獻。

從夢的分類來說，那應該是一個好夢。但我卻像做了惡夢似地驚醒過來，且冒著微汗，心悸也很快。起來後暫坐在床邊，搖搖頭，喃喃自語地對自己說：「真是怪夢一場，自己是個大男人，妻子已往生多年，怎麼會生出一對雙胞胎呢？」

因為那時正好熱衷於研究夢，也帶著冒險心開授了有生以來第一次「夢之心理學」課程，所以為了上述那個怪夢花了一段時間想了再想，想找出剛才那一場夢究竟賦有什麼深的意涵？根據那時候已有的微薄解夢能力，我最後對該夢做了一番如下自認滿意的解釋：那是為了兩個女兒與其全家人的生活保障，我必須再寫兩本夢的書，很有分量的暢銷書，這是我非貫徹不可的責任。

之後，我就每天開始不例外地撥出一段時間來撰寫《夢之心理學》。寫書過程還算順利，因為有夠強烈的動機，手中的相關資料也已夠多，只要依序把它們挑選出來，以我的筆風寫出一篇一篇對一般讀者

來說可讀性高的文章就好了。

　　現在仔細回想起來，要寫好那一本書的表面動機全是爲了稿酬或版稅；所以在撰寫它時，始終不斷自問：我到底能不能順利找到一名願意爲我出書的出版商呢？若找不到，寫好的這些書稿不就胎死腹中嗎？那怎麼辦？一面寫一面自問，但愈問心中的那一小塊不放心的烏雲就愈來愈大，愈來愈濃、愈黑。敵不過心中烏雲那樣迅速地散開來，我就開始尋找有意願爲這一本即將完成的書稿做主的出版社。那時候的我，眞像一位好友形容我爲「一個典型的習慣動物」一樣，心中一想到要出書，就又去找以前認識的出版商，而沒有試著去尋找其他不認識的出版商。

　　果然，不出所料，以前認識的那一位出版公司總編輯，以禮貌性的請我到某一間餐廳一起吃午餐的方式，委婉地拒絕了我的試探；而另一家以前就認識的出版商負責人則要我先讓她知道，我心目中的此書可能讀者是哪一群人，我書中所要包含的內容有哪一些，然後要經過她公司總經理的審愼考慮以後再說，換句話說，她沒清楚地說可否，也等於把我的胃口吊在半空中。最後，好不容易，這位第二家出版商負責人答應爲我出書。約三年後的 9 月 20 日，也是我八十九歲生日的那一晚，該出版商還爲《夢之心理學》的出版舉行了一場「隆重的」慶祝活動，邀請了約一百多位有關人員來參加。

　　誰能料到《夢之心理學》出書不久之後，五南圖書出版公司的副總編輯王俐文小姐就打電話找我，並且表示要和我討論關於爲五南圖書公司寫兩本書的事。這一通電話，一方面給我滿心喜樂，另一方面也提醒了我，「世上我不知道的事還眞多，不要一直被自己範圍很有限的固著性思考習慣綁住」，以後凡事（包括寫文章、出書等）應該先多方面探索。現在想來若那時候，我也試問了別家出版公司，說不定出版《夢之心理學》的事宜，就不必像前述的那麼費心思了。

二、見了王副總編輯後，此書相關事宜的發展

　　和王副總編輯見面的那一天，她已準備好兩份著作物草約，一份的書名她寫著：「習慣心理學——解析夢的現象」（書名暫定），另一份的書名也暫定為：「習慣心理學——論文寫作應用」。她一見面，就迫不及待地從書袋取出那兩份草約，排在堆滿了學生家庭作業報告而勉強留下來的一小塊空間的研究室桌子上。看了這兩份草約，我的心受到一陣震撼，同時也想到五南圖書公司真的那麼重視我過去寫的習慣心理學書籍嗎？看了這兩份事先寫好書名的草約，我一面驚喜，一面也非常強烈地感受到王副總編輯做事態度的積極主動。這樣的做事態度與習慣，和另一圖書公司的王總編輯很不一樣；面前的這位王副總編輯的積極態度令人幾乎透不過氣，為何兩者相差如此之大？以後需要時再說吧！

　　看了那兩份草約之後，我就說：《習慣心理學——論文寫作應用》我可以同意撰寫，但部分需要修改調整，題目範圍大一點，內容柔和一點，不是那麼地硬碰硬。至於另一本，你所指的《習慣心理學——解析夢的現象》我不能現在就做決定，因為我幾乎已答應了最近才替《夢之心理學》出書的王總編輯了；若現在也答應您，我就難做人。就這一點，王副總編輯很快就能同理而退。那一天，我們二人簡單地只做了這一點決定，她就帶著口罩離開了，離開時，她說：「現在臺大校園因世界性冠狀疫情嚴峻而封校，很不容易進來，守在進校門口的人員會問東問西。」我也對她說：「請小心，多保重！」

　　下一次她用 Email 問我：「看完了草約的每一條內容後，有否難懂或需要修改的地方？假如沒有，我們再商量一個見面的時間，就把合約書簽好。」我便以 Email 回應說：「目前疫情稍微緩解，臺大校園不再是那麼地嚴封，所以我希望以面談方式，把我的幾個疑點討論清楚後再簽約較好。」最後我也問她，當週的星期五下午兩點時她能不能來。

　　因為對這一次的簽約我並不心急，所以就改變以往的習慣，不再無條件地一頭栽進去同意合約書裡面的每一條規定。心想，我餘生的總時

日，已是屈指可算，若有一條的規定在我剩下不多的時日內一定享受不到，就把它修改成可享受到的時間或條件，以表示我還是懂得自我享受的人。以這為條件我修改了合約書的第十八條的第一款。

簽約的那一天，一切都在短時間內順利地完成；最後我就試著問王副總編輯，她知不知道或能不能提供跟這一本書寫作有關的參考資料。她聽了爽快地答應，下一次，她會帶來我所要的這些資料。果然，再次見面，她就帶來兩個裝滿了參考資料的厚厚紙袋；離開時，她也說，如果需要更多資料，她會再去找找。

三、王副總編輯為我寫作找來的資料

王副總編輯離開以後，我就立刻把那些書一本一本地拿起來看，大大、小小、厚的、薄的都有。其中有一本很快地吸引了我的視線，書名是《中國語文能力表達》，乃由普義南主編，共有九章，作者有曾昱夫、林黛嫚、李蕙如、羅雅淳、侯如綺及黃文倩等六人。當時，他們都是淡江大學中國文學系助理教授，每人分別擁有臺灣某一大學的中國文學博士學位，書的出版日期是 2012 年 9 月，王副總編輯帶來的那一本已經是第三版的第七刷了。

書中每一章題目與相關內容分別如下：第一章：語言與中國文字，由曾昱夫撰寫，內容安排包括導言，語言系統與結構，漢字系統，延伸閱讀，練習單元。第二章題目與內容是：寫作與構思原理，內容的安排是為什麼要寫作，構思與取材策略，寫作診療室，然後和第一章一樣有延伸閱讀和練習單元兩部分，由林黛嫚撰寫。第三章的題目是議論與思考方式，內容包含導言，語理分析，推論與謬誤，由李蕙如撰寫。第四章的題目與內容是修辭與廣告，由羅雅純執筆，其他章的內容我暫時不一一枚舉，等到以後需要時，另行介紹。

看過此書全部目錄以後，我立刻感覺到，這些內容不也就是我將來要寫的全部內容嗎？既然已經有人寫了，我何必再寫，而且很可能會被

指為抄襲他人著作而犯下著作權法。

本來想多賺一些版稅資助兩位女兒的生活，但看了《中國語文能力表達》，也做了上一段令我憂心的聯想以後，原先有些雀躍欲試的心就突然消失不見了。

經過好幾個晚上的氣溫飆高難眠，又接著幾日的 36°C 以上炎熱「夏至」天，一直到電視上看到每兩個世紀才發生一次的「上帝金環」日蝕後，我的頭腦才清醒過來，也突然想到，將要寫的那一本書不是從文學觀點寫的，而是要從「好習慣觀點或好習慣定義」去行文的；兩者間雖有共同點，但應也有許多相異處。所以要寫它之前，要下一個清楚的定義：什麼是良好的行文習慣？這是我必須要去釐清的事。

想到這一點，我的心情就好過來，也開始想到如下一種狹義的習慣定義，那是一個人遇到某項刺激時，經常會做出某項反應的行為現象。這一句話雖然本來是針對人類而言的，它的使用範圍可概化到宇宙間的任何現象，包括動物、植物、細菌、地理、礦物，甚至天體行為等等。所以我們可把不具體而抽象化或廣義的習慣現象定義為：某一存在物遇到來自另一存在物的刺激時，經常會做出的某項反應。依這項廣義的觀點來觀察時，習慣就可分為難以計數的很多類別。因天生或後天學習，而已具有道德或價值觀念的人類而言，習慣至少可分為良好習慣，中性習慣以及不良好習慣三大類。

中性習慣包括所有既非不好也不是很好，不摻雜任何價值或道德判斷意味的所有行為現象。例如：某一個人每天一定要睡十二小時才會醒過來，早餐時間他不吃任何東西，午餐都在下午一點鐘才吃；或是，地球一定以太陽為中心，一年大約繞一圈（公轉），而以自己的南北軸為中心每天大約繞一圈（自轉），月球則以地球為中心，每月大約要繞一圈，而每年中秋節的那一晚（農曆 8 月 15 日），它的形狀就一定是正圓不缺。至於太陽、月球、地球三者則每隔 195 年的 6 月 21 日下午某時段，在地球北迴歸線帶的人就一定開始看到日蝕（民俗所傳說的野狗吃

太陽）。上舉關於個人每天的睡眠、飲食習慣描述，或兩個或三個天體間的排列而造成的天文奇觀習慣的敘述，因為不加以價值與道德判斷，所以可歸類為中性習慣。但若對於上舉的每一習慣，從某一觀點，例如：從醫學、人際、或非科學觀點，對未來生活可能造成尚未證實的吉凶預測觀點加以好或不好的價值判斷，則有好習慣與不良習慣的不同分類。

就上舉天文學上的日蝕而言，天文科學昌明的現代人認為那是有趣的現象，對於天文知識教育具有非凡價值，是良好的天文習慣，但對於不具如此天文科學常識的古代「半文明人」或原始部落居民而言，日蝕是極大的惡兆，必須舉行活祭某一人的儀式，才能預防部落毀滅的大災難於未然；易言之，對於現代人而言，規則性的日蝕天文現象是好習慣，屬於奇觀，但對於古代「半文明人」或原始部落居民而言，那是極惡的不良天文怪象，警示著毀滅性大災難將來臨。

若以上段所論的習慣定義來說，什麼是好的行文習慣呢？行文或寫作，要撰寫文章也是具有教育文化背景的人類表現出來的行為習慣。在現代已開發國家教育制度來說，凡六歲至十一歲，小學一年級到六年級的年齡，生活在現代幾乎任何社會的人，都要學習如何識字、寫字以及如何說話、寫文章。

說話、寫字是一種人與人間的溝通工具；從小到大，我們每一天，不管醒著或在做夢都會用到它，我們從身邊的人（例如：首先是母親或父親，哥哥，或姐姐，玩伴，老師）學習如何用它，而慢慢地養成一個和那位教你如何說、如何寫的人一樣的說寫的習慣，雖然有時不是完全一樣。因為生活中我們有機會和許多人溝通，而每個這樣的溝通對象，都分別具有每個人特有說話習慣和寫文章的習慣，所以當我們活到某一定年齡時，理論上，我們會從很多人身上學到很多不同的說話習慣和寫文章的習慣。

但是，猶如「習慣成自然」這句話，一項行為，不管是說話，或寫

一句話或一篇文章的方法，一旦成為習慣時，就很難改變，而會繼續維持下去。除了「習慣成自然」以外，還有「先入為主」這句話。它的意思是，我們先學成的習慣也會影響以後養成新習慣的難易度；很可能會阻礙和它很不一樣習慣的養成，而會易化其他類似習慣的養成。如此一來，一個人成長到某一年齡時，就養成了專屬於他的某一溝通習慣；包括說話和寫文章習慣，而它們若都是或一部分是屬於不良好的，除非他有幸遇到一位有心的溝通大師，執意地要啟發他，他才有機會改變那些不良用語習慣。

如果有這樣的一位溝通大師，他對於良好的說話，良好的文章有什麼說法、看法、說明或定義呢？我雖然不是上述的溝通大師，但從習慣觀點，目前對這議題有如下看法：

以前我研究習慣時，也想到若要從習慣功能或實用性觀點來做分類，習慣可分為良好習慣與不良好習慣兩大類，這兩大類又可再細分為①對自己好對別人也好，或②對自己好對別人不好，或③對自己不好，對別人好，或④對自己不好，對別人也不好的四小類；而這些小類的每一個可再分為①對現在的自己好，或②不好，③對將來的自己好，或④不好等等，一直分類下去，並依每一大、小分類的好壞程度給予當事人本身的直接感受，給予 -3，-2，-1，0，+1，+2，+3 的分數。如此分類方法與給予分數的方法，每一習慣都可得一個總的好壞分數。

現在如果要把良好習慣的看法應用到溝通現象，我們則可容易看到上述分類方法所忽略的幾個要點；第一點是溝通現象也是一種習慣，因為那是兩個存在體相互之間的刺激與反應關係，而這關係剛開始之時還不太穩定，但只要這關係產生的結果是好處多於壞處，它就會繼續下去，且可能穩定下來，最後成為特殊習慣。

既然成為習慣，則可把這溝通習慣分類為好壞。過去，雖然筆者僅從好壞觀點做分類，但寫作結果的分類其實也可以從真善美與效益四方面來進行；從這四方面的分類，對於一句話，一段話，一場話，或一篇

文章，一本書而言是很適當的。因爲寫文章的主要目的是，撰文者以語言爲工具，把存在於自己心中的感受與思考內容，傳達給該文章的閱讀者，讓他們完全了解自己之所感與所思。這一點是每一次的語言或文字溝通都必須完成的重要任務。如果一句話，一段文章能完成這種任務，我們可說這一句話，一段文章所傳達的或所溝通的訊息是眞的訊息。該文的讀者則可相信它的存在，而根據這相信，去規劃下一步要做的事。例如，我們現代人每天出門時都要看氣象報告，而根據報告內容決定要不要帶雨具。氣象報告員也相信中央氣象台提供的科技資料，很認眞的以他們專用的數據與圖示方式，每天在報上傳達給某讀者。只要這些傳達出來的訊息是眞的，非虛假的，它的忠心讀者就有福了；若不是眞的，下班回家時不是成一隻落湯雞，就是忘記把雨具帶回家，被家人罵，而若翌朝下雨，上班時就得再買一支新雨傘。由此可見，文章或說話溝通內容的眞與不眞是很重要的一個項目。

　　2020 年 7 月 11 日星期六的聯合報 D 版有篇文章，題目是〈被誤解的字〉，作者是張瑜鳳，因其內容與上段所論的內容有關，特將該文開始部分轉載如下。作者的職業從文意不難猜到她是法律界人士，這一部分讀起來像笑話，但也有像題目所寫的被誤解的字，不僅一個字，是很多字，所以值得參考。

　　　　「好巧喔！」媽咪很開心，「中午我跟同學居然不約而同的到同一家餐廳。」妹妹疑惑地問：「爲什麼不約兒童呢？那是不招待兒童的餐廳嗎？」
　　　　媽咪臉上三條黑線，是「不約而同」啦！
　　　　爸爸噗嗤一聲笑出來，「昨天遇到老同學，他邀我們全家聚餐」，我答說「待返家詢問拙荊。」年輕的兒子在一旁問，「叔叔你的老婆名字叫拙荊嗎？」「爸爸還叫我犬子，」哥哥也來一把，「明明

我屬馬。」「全家只有我最值錢，」妹妹笑嘻嘻，「爸爸的朋友稱呼我千金。」

唉！這些被誤解的字啊！窗外的驟雨，彷彿是倉頡在天之靈的啜泣。人家造字是要促進人與人的溝通，傳承文化。怎麼讓你們拿來製造誤會呢？

上一段文章所談的是關於溝通關係中，雙方因為受語文教育的深淺程度差異而引起的誤解，它發生在「拙荊」、「犬子」以及「千金」三個用詞上。除了此類用詞以外，還有從其他字詞也因發訊者與受訊者在文字溝通時，心態上有差異，受訊者誤解了發訊者的本意，使得溝通失真。真的意義是不虛假、確實清楚、不模糊，而良好的溝通習慣是發訊者能把所感與所思，以不模糊、不虛假的字詞，確確實實地傳達給受訊者；為了使傳達到對方的訊息不被誤解，不被扭曲，不會往不符本意方向做聯想，發訊者務必考慮收訊者的語言吸收能力及語文受教背景。

關於良好的溝通習慣的「善」，我們已有所論述，在此就不再多說，以後有需要時，再加詳述。

溝通技巧的美與否，包含用詞上所傳達的訊息，能引起受訊者對於發訊者所感與所思的聲色氣味等，一切外在事物有美感。筆者曾經問五南圖書王副總編輯她最喜愛的文學作者是何人，她立刻說出那位作者的筆名；我再問她「為什麼喜歡她的作品？」她就一點也不猶豫地說：「她的文章寫得好美好美！她的書一出版，馬上被搶購一空。」從這一場談話，我們就知道好的文章一定也是寫得很美的文章。但作者在下筆時，要利用什麼詞語，來創造一段文章的美不美呢？猶如此段開始所寫的，美包含聲、色、氣、味四方面的外在事物的美好，筆者卻覺得，美還包含其他方面，例如：姿態、體形、動作、聲音的高低、快慢、旋律、韻律、音色等。學過文法的一般人都知道用文章表達出人與事物的靜態美感受時，可利用形容詞來達到這目的；而若要表達出動作、唱歌、舞姿

的美感，則可利用副詞來完成這目的。目前文學上，還有其他方法可用在這方面，筆者在本書中會再論述這些方法。

因為文章的美會引起與加強讀者的閱讀動機，也可使閱讀順暢，且使文意容易被記住，歷久彌新。

除了要把文章寫得清楚不失真，寫得充滿善意，不害人，不傷人，也要寫得有美感，順暢能動人心，可讀性高，讀後記得久久較不易忘之外，一篇文章最好也能寫得溝通效益高。溝通效益高所指的是，以最少字數就能完成最多訊息的傳達。一般在完成寫作之前，寫作者都會先寫一份草稿，然後補充草稿所欠缺部分的內容，再來刪除重複與不重要或錯誤處，也改寫容易引起誤解的部分。最後完成了一份算是等待最後加工修飾的初稿。在這部分寫作者就依自己天生對美的敏感度和後學的美感技巧，給自己的寫作結果進行神來一筆的「畫龍點睛」工作，使得整篇文章活絡起來。這些是寫作的真、善、美三大原則的善用。

至於為了要做到寫作的第四大原則，高效益或「速」，在修改初稿最後階段，寫作者會讀了再讀，唸了再唸；如此反覆再三的自行閱讀後，往往自然地會發現到，初稿的某些地方唸起來不順暢，會拗口，若以更少的字數改寫，則文意反而更清楚、更直接，唸起來更明顯，聽起來也更有美感。像這樣以更少的字數而能把原意表達更徹底且更具美感，便是寫作的第四原則。

綜之，每次寫作時，若都能恪遵真、善、美、速四原則的寫作行為，就是良好的寫作或溝通習慣，而不斷地練習如此寫作方法，不久之後，你也能成為一名具有良好寫作習慣的作家，你寫的文章與書籍內容是真，其意是善，其字是美，唸起來很生動，不拖泥帶水，那麼你的文章就不怕沒有人讀，你的書就不怕沒有人買。

動手寫這本書後的某一天，筆者突然就想到：寫書、寫文章都是人類所使用的溝通手段，以文字為工具的手段。

除了人類，其他類的生物也會發生同類之間的溝通，但牠們會使用

什麼作為工具呢？我正在寫這一段文章時，從屋外某一棵樹上傳來一段單調但清脆「啾喔啾喔……」的鳥叫聲；但一小段叫聲後，並沒有來自別隻鳥的回應聲，好像牠不是在呼叫其他鳥，只和自己溝通而已。會不會鳥叫聲不代表與其同類的溝通，而都是喃喃自語「自閉症」式的自我溝通？在我的記憶中，好像不是這樣；記得幾十年前在美國求學時，我和三四位也從臺灣到密西根大學進修學位的「同學」，一起租屋而分房各住一個房間，為了避免無聊，從附近一間鳥店買回來一隻很會吵叫的金絲雀和牠的住家鳥籠。買回來後，我就把牠掛在臥房唯一的門背後，籠內也有一個裝水和另一個裝飼料的小碟子。經過一段時間的觀察，我發現這隻金絲雀的叫聲有一個規律，當牠餓了且飼料碟中空空時，叫聲特別多，也特別大；一旦吃飽，水也喝足了，牠就心滿意足安安靜靜地停在籠內的小鞦韆橫桿上盪來盪去，雙眼也閉起來享受吃飽後的滿足感。所以，牠的叫聲似乎兼有自閉性和要與主人溝通的意義，不是只有自閉症式的「喃喃自語」，而且牠要和我溝通，其目的「很可能」要告訴我，「我肚子餓了，趕快給我飼料」和「我口渴了，趕快給我水喝」。鳥類中和人類更能進行半直接式語言溝通的是鸚鵡，因為牠的舌肉柔軟，經由訓練能學會人類所說的話，但頂多只能一句話，包含一個名詞和一個動詞。

　　究竟從哪一類生物開始，會使用聲音或動作和同類或其他種類生物溝通？這是很有趣的議題；如果能獲得它的答案，就可利用它來豐富我們和其他人的溝通，包含和不懂中文的外國人、還不會講話的嬰兒、瘖啞人士或大腦發生問題，有語言障礙的人溝通等。

　　依據筆者《習慣心理學辨識篇》上冊第 125 頁的記載，動物分類學上，以牛蛙為代表性動物的一部分兩棲動物成員，因開始有聲帶組織，所以擁有前門綱動物所沒有的叫聲或發聲的習慣。如果生活在大都市裡，在初春到晚秋的早晨或黃昏時間，你有機會到都市公園整年有水流的人造大池塘附近散步，就能欣賞到一陣陣的蛙鳴聲，同時享受到都市

鄉村化的悠閒心情。屬於比兩棲動物剛更進化的爬蟲動物綱的壁虎，似乎也有聲帶組織，所以白天在我研究室或夜間當我就寢不久後，在窗外就會聽到單獨一隻壁虎的叫聲；牠們的叫聲一律由七個啾啾聲，先慢後快的聲音所構成。首先，我只聽到牠叫，後來就好奇地模仿牠的聲音，用舌頭做出七個相似的啾啾聲，但牠卻不進一步給我做任何回應，不知為什麼，是嚇走了牠？或我模仿的一點都不像？或因其他理由呢？

　　但是，動物會發出聲音；並不只靠聲帶，昆蟲類也會靠快速地摩擦兩個翅膀而發出聲音。例如：夏至後的某個大熱天後下了一場大雨，大約下午五點鐘後的傍晚，外傭陪伴我從研究室走回家，而走到一棟新大樓旁的草叢時，就聽到一陣「嘟嘟……　」很尖銳的蟲叫聲，牠的聲音沒有像鳥鳴聲的變化，只有單調的嘟嘟聲；以前聽到這種聲音時，因為看不到有蟲在草叢裡，所以我一直以為那是蚯蚓雨後的叫聲。但這一次有外傭相陪，所以一直想趁機會從她學知印尼人的蚯蚓名稱，另一方面想藉機會和她講講話，我就問她，現在聽到的那個聲音是什麼蟲發出來的，她就用印尼語說出那個蟲的名字。因為我聽不太清楚她的發音，所以她就拿出手機找到印英對照的畫面，蟲名是「cricket」，也有那個蟲的畫面。畫面上出現的昆蟲，居然不是蚯蚓，而是蟋蟀，褐色的雄性蟋蟀，牠靠雙翅的快速摩擦，發出尖銳沒有變化的聲音，但中文字典卻說是由雄蟲翅上的發聲器產生出來的聲音。看到「雄蟲翅上有發聲器」的註解，我就聯想到，只有雄蟲翅上才有發聲器，雌蟲翅上則沒有嗎？所以，也往下推想到，那麼蟋蟀雄蟲的發聲是為了誘來雌性蟋蟀交配的溝通用具吧？這個自問也使我聯想到也是昆蟲類的夏蟬；依我過去的觀察（或聽察）紀錄，臺大校園的蟬鳴聲都在六月初就響起，但今年的卻延遲到七月二日才勉強聽到一隻蟬在孤鳴，或許因地球暖化引起的環境改變使然，或臺大環境開發過程中，蟬卵或蟬蛹來不及出世就被損毀？蟬也屬於會發聲音的著名昆蟲類，牠是否也是雄蟬才有發聲器？查閱中文字典發現確實如此，雄蟬才有發聲器，雌蟬則不鳴，因沒有發聲器。由

此可進一步推論，蟋蟀與蟬兩類的發聲更可能都是雄性昆蟲的求偶溝通工具，專爲引誘同類雌性昆蟲前來相遇與交配。

有些昆蟲，例如：螢火蟲因爲缺少發聲工具，但腹部有發光的工具，所以初春夜晚在濕地區域或池塘附近飛來飛去，營造出一幅詩情畫意的美麗景象。有些人指出，此類蟲的發光器是兩性間的擇偶用溝通工具；如此說來，雄螢才有這種發光器嗎？這是很可能的。

動物同類間與異類間的溝通工具，除了上述的發聲與發光兩種以外，尚有動作一種。其中，孔雀開屏是最典型的，它也是雄孔雀才有的，誘來異性的溝通工具。狗類則以身體某部位的鼎立、收縮或左右、上下擺動來表露出內在某類情緒存在。若一隻狗想親近人，牠會靠近你且快速地向左右方向搖擺其尾巴，同時地矗立起雙耳；若牠害怕你，牠的尾巴和雙耳就往下垂，連頭也垂下來，可能也會離開你；若遇到獵物和牠認爲可攻勝且必須攻擊的對象，牠則露出其牙，擺出一副不可一世的兇狠面相，連汪汪聲都帶攻咬的動作，以此脅迫對象。

溝通現象不僅可見於同一界類生物之間，也可見於不同界生物之間；豬籠草和昆蟲類的互動就是一個好的範例。在某天的聯合報 D 版有一篇短文，題目是〈豬籠草的杯中物〉，投稿者是黃文嘉先生，文中沒有作者的學術背景資料，在文首，他就寫說，這是一個偷來的故事，而這故事發生在婆羅洲汶萊。以下四段是這篇短文的全部內容，他寫道：

「汶萊清晨的驟雨，讓原本就濕熱的空氣變得更加沉重，每一口氣都必須用力吸吐，才能獲得足夠氧氣。泥濘的土壤沾黏在山鞋上，每一步都像在敲擊大地；擦掉臉上分不清是汗還是雨的水珠，再揮開惱人的蚊子，我終於來到長弗萊七豬籠草的面前。然而葉杯內不是殷殷期待的新種蝌蚪，竟是毛茸茸的蝙蝠！」德國青蛙學者 Grafe Ulmar 一臉嚴

肅地描述他在婆羅洲的經驗，我卻忍不住笑出聲來。

　　豬籠草是一群分布在新舊大陸的熱帶植物，利用蜜液的香味引誘昆蟲到葉子特化的葉杯內後，再以杯內的分解液捕捉並消化獵物，以攝取養分。然而，豬籠草在熱帶地區中扮演的角色不僅僅是殺手，其葉杯也會承接雨水，成為樹蛙和水生昆蟲在乾旱季節賴以為生的私人泳池，更進一步化作生物學家的寶箱。

　　不過生長於東南亞的長弗萊七豬籠草不太一樣，它擁有巨大的葉杯，杯內有消化液卻含量極低，幾乎不具有消化能力；因此，Ulmer 才會認為它具有蘊藏新種蛙類的潛力，但沒想到最終只發現了蝙蝠。為什麼蝙蝠會居住在這種豬籠草內呢？豬籠草偏低的消化液含量是否與蝙蝠有關？

　　這些一度讓生物學家頭痛的問題，在我的好朋友 Schoner 夫妻的努力下有了解答。原來，這是因為動物與植物雙方默默地簽了一紙互利共生的合約，蝙蝠棲居在葉杯內並沒有白吃白喝，牠們按時繳納租金，亦即排泄物，成為豬籠草每日所需的養分。由於有了這杯之福，即使日常蟲食有一頓沒一頓，也不需要浪費元氣去釀造多餘的杯中液。

　　以上是黃俊嘉先生「偷來」的豬籠草故事。從這故事，我們可知道，豬籠草不只有一種，依生長地之不同，其外型和功能會有一些差異。在下段，我們可進一步知道這些差異還有哪一些。

　　《國語辭典》對於豬籠草有如下一段一般性介紹：屬豬籠草科，高兩尺多，葉狹而長，上部像瓶子，能分泌甜性汁液，以引誘昆蟲，蟲類

不察，常誤入其中，就被瓶內所分泌的酵素所消化，而成為該草養份的來源，原產於婆羅洲，是肉食性植物中的著名種類之一。

在習慣心理學：習慣的進化、發展與衰退，依著者柯氏的描述中，我們可以在植物界的第二分界胚胎植物，導管門第四分門的被子綱植物（angiospermore）的雙子葉（dicotyledoneae）分綱的茅膏葉科植物（sundew family）中，找到如下頗類似於有關豬籠草描述的植物；此科植物的開花習慣與芥子科的不相同；其花一定開成小型且典型的五片花瓣。因為葉子的構造與行為特殊，此科植物習慣設下陷阱誘捕昆蟲且消化之，因此它們又稱為肉食性植物。

上述以豬籠草為例而做的關於植物與動物間的互動描述，可說由植物扮演主動角色，而賦予動物被動角色，植物是獵者，動物是獵物。當然也有兩者間角色顛倒過來的例子；例如：麻雀與榕樹的互動是這方面的一個好範例。榕樹是產在閩廣臺灣等地的熱帶性常綠喬木，高三四丈，枝有很多氣根，下垂入地，葉片橢圓形也密可成蔭，夏天可讓路上行人當為避暑之用，它在春天開紅花，其果小而圓，像無花果。果熟時，麻雀一大早就成群地來探食；一群麻雀的聲音是十分熱鬧的，尤其牠們在飽食榕果後。在一個春晨，當我在上班路上走到一棵大榕樹下時，有一隻麻雀飽食後在樹上解了屎，滴在早不到晚不到，就剛好當下走到牠下面的我後頸上。首先我以為滴下來的是麻雀吃果實後剩下的種籽，所以不以為意，到了研究室把風衣脫下來後，才赫然發現那是黏黏的麻雀屎，想到有人說過「被鳥屎滴到頭，表示該人當天會有倒楣事」，心裡就很想把那隻麻雀痛打一頓，還好那天整天平安無事，真是阿彌陀佛了。動物扮演主動角色而植物扮演被動角色的互動現象範例，不勝枚舉。

大家都知道，如果將來有一天太陽從天上消失，永遠再也無法見到它，我們人類會變成怎樣？對每一個「地球人」而言，那一定是毀滅性的天災，也是人類的世界末日，所有生命的結束。這是太陽與人類的互

動關係的核心；人類瞬間都不能沒有太陽。工業革命前，大家都不會看到太陽在這互動關係中，絕對地扮演著主動者角色，而人類則絕對地只能扮演著被動者角色。但自從工業革命時代開始，人類知道由燒煤炭和燒煤油可以製造電，而電可以變成電力，推動各式機器代替人工。這種由燒煤獲得電力來代替人工的知識，使得在太陽與人類的互動溝通中，人類扮演的角色逐漸從被動變爲主動，而不知不覺中破壞了原來的有利溝通狀況；詳言之，則因燒炭與煤油人類在大氣中大量地製造了二氧化碳；一年又一年，二氧化碳含量不知不覺中不斷地累存，最後導致臭氧層受到破壞，造成地球逐步暖化，接著氣候極端化，大水災與大旱災常態化，以致於不適應於這種變化的物種，則一個一個走上毀滅之路；人與太陽互動溝通中的主客角色如此 180 度的移位。現代的大部分人類都已察覺到這種危機，所以先見之明者開始呼籲並發起燃煤與燃油的自律運動，高喊儘速製造綠色能源，代替火力能源，以防人類自毀大災難之於未然；但仍然可見到一小群被權力慾燻暈了頭的政客，以自欺欺人頑固思考習慣，繼續推行火力發電政策。這些政客的可憎作爲也逐漸喚起了人類對「民主政治制度的有限性與可怕面貌」，很可能醞釀起另一新時代的政治革命。

　　類似於原有的太陽與人類間的良好互動溝通關係，也可見於植物與太陽的互動關係中；植物本身具有的葉綠素吸收來自太陽的光線，生起光合作用後，一面開始排放有利於動物生存的二氧化碳，一面製造有利於本身成長的 CH_2O（合成有機物質）。

　　在筆者往返於住家與研究室的沿路上有很多路樹，它們的樹齡都已有十多年以上。尤其「四方形臺大森林公園」裡的喬木是又高又大。若仔細觀察這些樹的生長方向，就會看到一個很有趣的現象；例如：生長在這塊方形南邊的樹，都一律往南方向斜斜地長出去，而長在「公園」西邊的樹，就一律往西邊方向也斜斜地長出去。爲什麼會有這樣的生長方向呢？如果我們不忘記植物有向陽性和光合作用兩個重要生存習慣，

就不難知道答案。因為臺北市在地球北迴歸線的北方，所以每天上午絕大部分時間，陽光都從南方照過來，長在「臺大森林公園」南邊的樹就會往南邊斜斜地長大，這很合乎它的生存習慣；而生長在「臺大森林公園」西邊的樹就根據相同道理，向西邊方向一直斜斜地長下去。最近「公園」裡有幾棵樹，再也無法負擔這樣斜斜成長的整棵樹給根部帶來的壓力，所以從根部起往西邊倒下來，把「公園」西邊的人行道擋住，還好樹倒時，人行道上剛好沒有人，所以沒有壓傷人，不然後果就不堪設想。

　　上段所述內容是關於地球上的植物與太陽兩者間的溝通；在描述此類的互動溝通時，筆者認為太陽和植物都不帶任何溝通企圖；太陽並沒有特別企圖要給植物熱與光線，讓它很快成長更大；而植物也並不知道它要往南或往西方向生長過去，才享有更多的光合作用，才能長得更大；換句話說，這些溝通都是不知不覺，也許造就萬物的「神」才有知有覺地在進行；太陽與植物之間的溝通是無意圖、無意識的溝通。

　　或許我們可以在此大膽地做一項假設：宇宙間任一存在體和其他任何存在體之間都有溝通關係，而這關係有些是無意的，有些則完全有意的；然而，不管有關者的企圖成分有多少，這些溝通都會留下好或壞的結果，和這些溝通有關的存在體，都會受到這種溝通結果的影響。從溝通的觀點言之，宇宙萬般現象就是由這種溝通網所形成；因為有這一張巨大溝通網，宇宙也不斷地改變，沒有人知道將來會變成怎樣，也許，將來某一天一位先知先覺者會說：「世界要毀滅，人類要滅亡了！」但為時已晚矣！

第二章
語言的溝通

　　筆者在前一章從非常廣義的觀點，討論宇宙間任一存在體和另一存在體間的溝通，並在討論的最後部分提出建議，我們可把這宇宙看成是一個龐大、複雜的溝通網。而置身於其中的任一存在體很可能與網中任一存在體，都會形成很多無意識、半意識、有意識的溝通關係，因此不管當事者的存在體願不願意，仍然會接受這種複雜關係所帶來的不好、中性或好的後果；且因有這些後果，使得宇宙在每一瞬間都不停地有新變化。

　　在上述討論某部分筆者也提出了，我們每個人的溝通習慣是如何養成的，也把良好的語言溝通習慣，界定為合乎真、善、美、速四大原則的溝通，即是最良好的溝通習慣。

　　既然什麼是良好的語言溝通習慣定義已經交代清楚，從本章開始，筆者就根據這四大原則，逐章討論如何以中國語文撰寫一篇好文章或一本好書籍。人類除了在很特別的狀況，例如：在戰爭最前線與使用相同語言的人敵對，「你死我活」的拼生拼死時，和文化背景相同的人溝通時，都使用語言為溝通工具。那麼什麼是語言呢？

　　中文字典把語言簡單地界定為「專指人類用嘴巴說出的話」。所以這項界定清楚地把前章所討論的太陽送出的光與熱，昆蟲使用震動雙翅所發出的鳴聲與叫聲，鳥類所發出的叫聲啼聲，以及獸類所發出的吠、叫、吼、嘷聲等，都不放在語言的範圍內。語言猶如曾昱夫於《中國語

文能力表達》中所說，是可用於區別人與其他動物所使用的溝通工具之一的「主要特徵」。

《朗文當代英文字典》則說：語言是以人類文字（word）做出表達的系統。這項界定比國語字典來得複雜，但都不約而同的認為語言是人類才有能力使用的溝通工具，而動物、植物就沒有這種能力。另一本國語字典對語言下了不同於前兩種定義，說它是表達情意的工具，在口頭用聲音表達的叫「語」，在紙上用文字表達的叫「言」。上舉三種定義都沒有直接指出語言定義的核心，可能因為「語言」這個概念太抽象不具體。所以，曾氏則轉一個彎，用另一個較具體的方式來說明它。他說：

「現代語言學家對此一問題時，會把它轉化為什麼叫做一種語言來進行討論。」

由這種轉化後的討論，曾氏最後整理出一個重點或結論，那就是每一種語言都有其「語言系統」。例如：學過德文語言系統的人大概都有一個很深刻的印象，那就是德語文中的名詞前面一定要加一個冠詞，來標示該名詞所指的存在體是屬於什麼性別；例如：der 表示陽性，die 表示陰性，das 表示中性；雄獅以 der lawer，雌獅以 die lowio 表示。這種行文或這種說話習慣，使初學的人感到非常好奇又麻煩，但後來逐漸發現這種行文習慣也有它的好壞兩面。根據從維基百科、奇摩知識查詢而來的資料，不是所有語言都有「性別」的語法範疇，有性別區別的語言主要存在於印歐語系和閃含語系或亞非語系中，東方的漢語、日語和韓語名詞則不存在性別的區別。歷史上同樣也位於歐洲的英語，其名詞一直到十一世紀，也與當今的德語相似，有完整的三個性別系統，且名詞會有字尾的變化，因此很容易看出其性別。但到了 1066 年，諾曼人攻下英國後，這一套字尾系統就瓦解，從現在新一代英語名詞，我們就很難判斷出其性別。後來，就有越來越多的人，將無明顯性別的非動物體稱為中性的它（d）。現今的英文僅剩下指人的代名詞與與極少數的代名

詞（例如船隻）時，還有性別的區別。

　　在遠東地區的漢語中，只有兩個情況才有性別之分，其中一個例子是第三人稱代名詞「他」（陽性）、「她」（陰性）和「它」（用於非人類事物，異性中還有牠、祂），但這也僅僅是爲了模仿西方語言，而人爲製造的文字區別（例如：中文本無「她」、「他」的用法，是由劉半農在五四運動時提出的建議）。同樣，存在於遠東地區的日語和韓語名詞前面也不存在性別的區別冠詞。

　　在已經有相當規模教育制度下生活的每個臺灣人都知道，我們常用的語文都是由一句又一句話，做爲基底構成起來的，這樣的每一句話，若再分析下去，則可看到每句話必有它的結構與成分。一般的複雜溝通則不僅有一句話而已，通常都含有數段落的話所組成。

　　若我們仔細地聽一句話或看寫下來的一句話，就會發現每一句話都有它的兩面結構　一面是句子依前後次序排列的結構；另一面是依句子的上下層次排列的結構。

　　不單是漢語而已，其他語言也是一樣，每一個最簡單的句子都含有一個名詞和一個動詞。開始學習講話的嬰兒也許更簡單，例如：肚子餓而不再用大聲哭表示的時候，僅說「嗼嗼（mc mc）」的尚不成語發聲，表示想要吃東西。但經過一段時間後就學會說「要吃」。曾氏說：漢語的句子通常可分成爲「主語」和「謂語」。主語是被敘述描述的部分，而謂語則是敘述的內容。主語所表示的往往是「誰」或「什麼」，謂語則表達「怎樣」的概念，兩者間有著被陳述與陳述的密切關係。

　　曾氏根據王錦慧與何淑貞的主張進一步說：述語是屬於「謂語」的主要內部成分，這份角色通常由「動詞」擔任。若擔任述語角色的動詞是「及物動詞」，往往在述語後面會寫一賓語，藉以表示「及物動詞」所涉及的對象，或者是「及物動作」的接受者。具體舉例來說，「他打我」的「他」是主語，「打」是述語（及物動詞），「我」是賓語，亦即「打」這個動作的接受者。

　　除了上述詞語之外，一個句子有時尚包含狀語、定語、補語的語法成分，可能都在結構中的同一層次。例如：「他仔細聆聽著美妙的歌聲」這句話，其中的「仔細」即為用來修飾謂語的動詞「聆聽」的狀態（狀語），而「美妙」則用來修飾賓語名詞「歌聲」的「定語」。「補語」也是屬於謂語內部的語法成分，但它通常位於動詞或形容詞後面，扮演補充說明的角色；例如：「他被打倒了」一句話中，他不但被打而已，在動詞之後加上補充語「倒」字來說明動作的結果。另一例是：「這部影片我已經看了三遍了」，此例中的「三遍」是數量詞組，它在此例中用來補充說明動作的次數。最後，再舉一例：「他從樓梯走下來了」，此例在動詞「走」後面加一詞「下來」表達動作的方向。由此三例看來，補語要寫在動詞後面，不是前面，它的功用是要補充說明動詞的結果、次數、方向三方面。

　　一篇文章或一段話，並不都是由一大堆一句一句簡單的句子所組成的。若把每天聯合報社論從頭看到尾，你很快就會發現，在整篇文章剛開始的第一、二段可能由數句簡單的短句所填滿，但到了文章第二或第三段所用的句子，往往就變為複雜的句子所組成。每句字數多到 10 或 20 個字。使得有時讀者讀到最後一個字時，已忘了前面所講的是什麼。

　　和社論的寫法很不一樣的是，聯合報 D 版關於如何寫詩一部分的內容，讀它們時你就立刻發現，每一句詩都很短，只有三到六個字，很好唸，唸起來也很順暢。所以句子的類型似乎有很多種，而每一類型的句子都有其最適用的場合，因為它有不同的表達功能。曾氏因此說：「寫文章的人要好好地掌握語句類型」，如此才能提升作者在其書所要討論的語言表達的精準度或「真」的原則。

　　句子的類型有很多種，我們可根據其複雜度首先將它區分為「單句」與「複句」。「單句型」又依其有沒有出現主語，可區分為前面已討論過的「主謂句」，及另一型只有主語或只有謂語的非主謂句，例如：「很煩」或「亮了」或「我的媽呀！」非主謂句沒有主語，結構簡

單，較常出現於兩個或很多對話的小說語境中，但較少出現於一般文章，因爲要完全了解此類語句時，讀者較依賴於說話者個人的講話習慣，和說話當時的具體語境。

主謂句類型依其功能特點，又可再分爲四個次類型：其一是「動詞謂語句」，例如：老爺已經睡著了；其二是「形容詞謂語句」，例如：這棟房子蓋得古色古香很有氣派；其三是「名詞謂語句」，例如：今天是情人節，每對情侶顧客兩碗牛肉麵只要 100 元；而其四則是「主語謂語句」，例如：這棵樹沒有病蟲害的問題。

上段四個次類型的第一次類型句子，最適合用於描述人的動作、行爲或事件的發展；第二次類型句子則適合用於描述人、事、物的性質或狀態；第三次類型句子適用於說明時間、日期、數量、價格，哪一種人；而第四次類句子則適用於說明、解釋或評論某人、某事或某物。

複雜的句子（複句）依曾氏所分共有十大類，而這十大類又可再分爲兩小類，例如：聯合複句和偏正複句。什麼是複句呢？它是由兩個或以上的單句所組成，而單句組成複句時，單句就改稱爲「分句」。聯合分句中，兩個分句之間通常會加上一個或兩個關聯詞語，用以表示這些分句是「並列的關係」，這種關聯詞語有：也，又，還，既……又，又……又，不是……而是，一面……一邊。若要表示兩個分句，例如是大孩子出去了，第二個孩子也出去；或 A 不是一個人出去的，而是和 B 一起出去的，是此類的好範例。若要表示兩個分句是「承接關係」，關聯詞語則使用「於是」、「然後」或「首先……然後」。這種複句如：首先 A 先生請 B 先生吃飯，然後 B 先生則回請 A 先生喝咖啡。爲了表示兩個分句有「遞進關係」，則使用「並且」、「甚至」，「不但……也」、「不但……而且」等關聯詞語，如：A 小姐不但外表楚楚動人，她的文學作品也是數一數二的；若要用兩個全句表示「選擇關係」，則可採用「是……還是」或「與其……不如」，或「要嘛……要嘛……」的關聯詞語，例如：與其要我如此生活下去，不如給我死亡！

　　聯合複句以外，還有一種複句，稱為偏正複句，它又可細分為六小類型。第一個小類型是「假設複句」，常使用的關聯詞語有：「要是……」，「如果……」，「假如……那麼」，「假如……則」等。此類假設複句，最常出現在科學領域的論文期刊中，如以下範例：「如果一個人都不運動而且三餐都吃得油膩又鹹，則高血壓與腦中風一定有他的份。」第二個偏正複句小類型是「因果複句」，它類似於第一小類型的假設複句，也常見於科學論述文章裡，常用的關聯詞句是：「由於……，所以」，「因為……，所以」，例如：因為美國共和黨已經是一黨專政了，所以它一定會腐敗，我們可以等著看。第三小類型的偏正複句稱為「轉折複句」。其意是前一句的意思是 A，但隨在其後的一句話是非 A，換句話說前後連接在一起的兩句話意思相反；常用關聯詞語有如：「卻」、「但是」、「可是」、「不過」、「雖然……但是」、「儘管……但是」。此複句型的範例如：A 如此說，B 卻不贊同；A 說 P；但是 B 說不是 P；雖然大家都贊同 A 的高見，但是 B 仍然認為 A 的看法不一定是對的。

　　第四種偏正複句叫做「條件複句」。此類型的複句正如其名稱所示，句中主角必須具備某一條件才可做什麼動作，常用的關聯語句有：「只要……就……」，「只有……才」，「除非……才……」，「無論」或「不管（不論）……都（也）……」。這種複句的前三類關聯語句，設下的條件非常嚴格，但是最後一類語句設下的條件卻很寬鬆，可以想到的第一類型範例如「這是限制級影片，只有 20 歲以上成人才可觀賞。」第五種偏正複句叫做「讓步複句」。它的關聯詞語有：「即使」、「哪怕」、「就是……也（都）」，可舉出的範例是：即使是最後跑到終點的人，他照樣可領到一張參加這次長跑的證書。最後一種偏正複句稱為「目的複句」。它的關聯詞語有：「為了」、「以免」，而可舉出的範例是：小明為了這次球賽的勝利，天天到球場練習投籃技巧；他老人家天天要慢跑兩公里，以免腿部肌肉慢慢萎縮下來。

　　文章，是人際溝通所使用的重要工具。但人際溝通又有很多種，包括正向的人際溝通，負向的人際溝通，中性的人際溝通之外，還包括其他很多種類型。

　　所以，曾氏就說：「也可根據句子在人際溝通上發揮的功能來分類」；例如，其功能是某一個人陳述他所感知到的一件事實讓另一個人知道。這種句子可稱為「陳述句」，而相關例子之一是，我看到屋外正在下一場豪大雨。

　　有一種句子，曾氏命其為「感嘆句」，它的功能是溝通的一方向另一方表達自己心中某一種強烈的感情。例如：讀完了一篇文章後，讀者說：「這一篇文章寫得太有意思了！」這一類句子的最後都加一個感嘆號，以表示心中所感受到的情緒是強烈的。因為情緒有正負兩面，所以這種句子應該也可以表達心中的強烈負面感情，例如：某位已成年但未婚仍然和父母住在一起的個案，談到她的週期性心情低落時，突然大聲地向治療師說：「父母把我管得太嚴厲了！所以，有時就想到，不如就讓自己的情緒這樣地一直低落下去，不要好起來！」

　　如果和另一個人溝通的主旨，是在於問對方當時是否正在做某一件事，此時所用的疑問句叫做「是非問句」。例如：「你在看電視嗎？」這種問句的功能在於，問者很確知被問者當時一定在看電視，而對被問者看電視這件事，問者的態度是保持中立。所以，此類疑問句較少出現在一般溝通關係與文章中。

　　在曾氏的疑問句類別中還有「特指問」、「選擇問」和「反覆問」三種。「特指問」用於問者要對某一方面向對方提出問題時，文章的結構上帶有「誰」、「什麼」、「哪裡」等疑問詞的問句。相關例句有：「你去哪裡了？」「你在吃什麼？」或「你去找誰？」

　　「選擇問」是問者提供選擇項目，讓溝通對象做選擇的問句，例句有：超商店員問顧客「你要美式咖啡或拿鐵咖啡？」或「你要熱的或冰的咖啡？」等等。「反覆問」類型問句，使用肯定和否定重疊方式提

問，要求對方針對肯定或否定的部分回答。此型問句又稱「反問句」和「A-not-A 問句」，例句有：你有沒有上過「夢的心理學」課程？或你吃不吃豬肉？

　　曾氏分類中沒有提到，但筆者認為很重要的一種疑問句，是心理治療工作者常使用的「廣泛問句」。這一類問句的主要功能是要給個案廣大的做答空間，以便建立良好的雙方溝通關係，藉以暗示個案在溝通中，他可自由自在地想說什麼就說什麼，沒有任何限制。所以，治療者常使用「對這件事，你有什麼看法？」或「剛才你在想什麼？」的問句，因為「什麼」一詞的問句沒有特指哪一類的看法或想法，只要把所想到的說出來就好了。

　　就問句的功能而言，這種問句看似與曾氏在特指問句所列出的例句相似，但從類別名稱上來講正好相反。

　　曾氏最後提到的一類句子是「祈使句」，它的功能是溝通的一方對另一方提出某種要求，例如商量、請求、命令、警告或禁止等，但提出的例句，卻是「我們明天去看電影吧」、「你給我出去」、「把菸熄掉」。這些例句令人覺得都比較屬於嚴厲的警告或命令式句子。在心理治療工作者通常避免使用此類句子。若不得已一定要使用，則會把「請」字加上去，以表示對個案的尊重，例如：「請你到室內談好嗎？」或「請你把剛才那一段話說得更清楚好嗎？」

　　有些句子是我們常常會用到的，但不容易從它們的結構和功能觀點來看其類別，這種句子；有如鄭榮、曹逢南所提出的「把字句」、「被字句」、「存現句」等等。因為這些句子具有個別的特徵句式，使用上也分別有其不同的功用限制，所以使用時要特別小心。例如由介詞「把」字所構成的介詞組來擔任狀語的「把字句」，所表達出來的是施事者對事者作了什麼處置而產生的影響。例如「老李故意把你的飲料喝光了」，但是，由介詞「被」構成的「被字句」則通常用於表示受事者受到某一動作、行為的影響，而有了不如意的遭遇，如「我被他罵了一

頓」，顯示受事者「我」有了不好的遭遇。「被字句」通常不會用以表達積極、正面的意義概念。如不會說「小明被頒發了一張獎狀」，也不會用於「祈使句」如「被我打倒！」（以命令或請求的語句）的說法。

「存現句」是把表示地點的處所詞語或表示時間的詞語放在一句話的最前面，以表達在某一個地點存在，或出現，或消失的某些人、事、物。例如李子瑄與曹逢甫在《中國語文能力表達》所提的例句：「門口停著一輛高級跑車」、「天邊出現了一道彩虹」等等，曾氏說在語言表達或創作上，這類句型特別適合用來對一篇文章的時間、空間背景進行描述。例如下面一段筆者對走入臺灣大學羅斯福路校門後的校景描述：

「進臺大正門後可立刻看到兩旁聳立著椰子樹的椰林大道，其長約400公尺，直通到五層樓高的雄偉總圖書館正方，其左側有一棟學生活動中心，它中央處有兩扇紅門，屋頂很特別；總圖館右側有一條故意設計成彎彎曲曲的車道，其寬度約10公尺，舊名為「舟山路」，東邊終點是歸國學人宿舍區，以前稱為博士村，區內有60多戶住家，每戶主人多半都是50多年前從歐美學成歸國的愛國學者，目前往生者往生，老者已老，尚住在社區內者多半是70歲以上的退休學者，冬天時難得看到村內巷道上有人在活動，僅在春天氣候宜人，暖陽露臉時，才勉強有些彎著腰、手拿著拐杖、白髮蒼蒼的老住戶，慢慢地在自宅附近走來走去。據說，臺大總務處計畫幾年後住戶數少到某一程度時就要拆遷，改建為教學或研究大樓。過去是聞名全國的頂尖大學博士村，不久未來將僅成為一有緣者腦中一小段記憶痕跡！而前前後後歷史不到100年。」

以上，是作者使用「存現句」的方式，呈現對那段路的視覺和感情。

其實，語言的基本單位不是句子，而是詞類。曾氏把詞類首先分成四個層次；依上下層之序來說的話，最上層次有實詞和虛詞；在實詞的第二層次有體詞和謂詞，而虛詞則沒有與體詞等相對立的第二層次詞語。體詞在第三層次，再細分為名詞、數詞、量詞、代詞四種。而與體詞相對立的謂詞則再分為動詞、形容詞與副詞。

　　與實詞相對立的虛詞在（上述的第三）層次則再分為介詞、連詞、助詞與嘆詞。最後在第四層次，名詞又細分為一般所謂的名詞、處所詞、方位詞和時間詞等四種名詞。數詞則只分成基數詞與序數詞兩種；量詞分成名量詞和動量詞，而體詞的代詞也再分為人稱代詞、疑問代詞和指示代詞。

　　屬於謂語的動詞，在第四層次可再細分為動詞和助動詞；同樣屬於謂詞的形容詞和副詞，在第四層次則沒有再細分下去了。

　　屬於虛詞的介詞、連詞和嘆詞也都沒有第四層次的分類，但虛詞的助詞卻又分為結構助詞、時態助詞和語氣助詞。

　　由上述可知，詞共有二十一種之多，這種分類工作稱為詞彙分類學。但是每一句話都是由這些詞所組成，如何把這些不同詞語以哪一種順序排列起來，使其成為我們和另一人溝通時，用起來雙方都可了解的每一句話呢？這種由詞而建構一句話，或構句過程也有一定的規律性，這種規律性曾氏稱其為「語法」，並舉出一例，簡單說明「語法」是什麼；例如凡是「名詞」皆有一特點，在其後面可加上「尾詞」，亦即「子、兒、頭」，例如「獅子、魚兒、人頭」，或是複數形式的「們」，例如「學生們」，前面也可以加數量詞，例如一個饅頭，但不能加副詞（很、不、都⋯⋯），且通常不重疊，例如魚魚，而在句子結構裡主要擔任主語和賓語等。至於動詞則通常能夠接受副詞的修飾，例如：「走得很快」，或後面可帶有表示動作的時態助詞，例如：「飛機超音速的飛走了」，或多半可重疊，例如：「我看看」、「讓我考慮考慮」，或可用反覆問句「A 不 A」的格式，例如：「你走不走」，以及在一個句子裡主要擔任「謂語」，例如：「他愛她」。

　　在詞分類表的最後一欄，曾氏為每一第四層次的詞類舉出所屬的例詞，在筆者看來都具有頗高參考價值，雖然有些例詞一般人因常用，不難看出它們是屬於哪一類詞，但有些則雖然常用到它們，但尚難判斷其所屬的詞類，例如：「的」、「地」二詞依曾氏歸類法是屬於結構詞，

「了」、「著」、「過」是屬於時態助詞，而「嗎」、「吧」、「呢」、「啊」是屬於語氣助詞。若讀者決意在撰寫過程時，一個詞語都不犯錯，可以好好參考曾氏辛辛苦苦製作出來的這一個表。

　　寫文章時，特別要注意的是，有時候一個詞可以兼有兩個或更多不同的「詞性」這件事，例如「鎖」可當名詞用，有時也可當動詞用：「請你記得離家時，一定要把門鎖好」是個好例句。除此以外，「綠、紅、白……」原來是顏色形容詞，但也有人把它當為動詞用，例如：在描述地球暖化帶來不少氣候的極端化時，我們可寫：「不但三月春風紅了玉山頂，九月秋風也白了陽明山」。類似這一類寫法稱為「轉品」的用法，把原來的形容詞轉品為動詞來用。轉品的用法方面似乎有個名句：「一夜苦思白了少年頭。」因此，曾氏就說：「對於漢語詞類的掌握，絕不能僅靠刻板的死記，而必須能夠靈活的運用」，筆者認為要做到曾氏說的「靈活的運用」，就要先廣讀多位著名文學家的書籍。

第三章 寫作的過程

一、什麼是寫作

寫作一詞，若依照曾氏的分類法，應該是屬於謂語動詞述語加上名詞賓語的「動賓複合詞」。國語日報辭典裡沒有這一個詞，但在《朗文當代高級辭典》裡對英文「writing」所做的中文解釋是「寫作」或「著書」。筆者認爲「寫作」不僅是著書，也是寫一篇文章，或可廣義地界定其爲寫出一篇或以上長短不一的文章，篇數多者可成書，以向他人表達寫作者個人之一切感知與所想的。《國語活用辭典》的主編周何，將「寫作」界定爲不但寫普通的文章，甚至具有創作性的文學作品。不管如何，「寫作」在質與量各方面都遠比「寫單一句子」深遠、複雜得多。那麼如何從事寫作呢？或如何從事寫作，才能寫出一篇或一本合乎「眞、善、美、速」四個原則的文章或書籍呢？

二、寫作動機的幾個因素

文章或書的寫作過程，包含文頭文尾，也有中間部位的文身。若要把這三部分的每一過程都確確實實地走完，必須花費一段時間，至少要一兩天；若要把一本書的初稿寫完也修改完，可準備付梓，快者也要半年，慢者則可能要拖四、五年之久。依筆者自己過去寫了十本書的實際

經驗，剛開始出書時，因年輕精力旺盛，動機也強烈，而撰寫的內容不複雜，所以一年寫一本教科書並不是那麼地困難，但後來，寫的內容漸深、創作性的成分增加，雖然寫作動機仍然旺盛，但所費時間就要長到三年左右。

　　林黛嫚在她的〈寫作與構思原理〉一文提到寫作動機的議題，而以白先勇接受法國《解放報》記者訪問所說的話，英國小說家喬治·歐爾所想到的內容，以及王定國、蕭颯、潘人木、孟瑤、陳玉慧等著名作家，他們走在其人生路上某一時段都分別有大量且優秀文學產品為例，特別舉出上述那一位英國小說家喬治·歐威爾所說的五個代表性寫作動機：其一是為了謀生吃飯；其二是完全的自我中心；其三是熱衷於美的事物；其四是歷史的使命，其五是政治性目的。所列的這些動機中，除了第二個動機以外，其他四個的意思都相當清楚易懂。

　　林黛嫚在尋找寫作動機時，也贊成喬治·歐威爾的看法，為了獲得稿費一定是最重要的因素，關於這一點筆者卻認為為了謀生或為了獲得稿費確實是寫作的重要動機之一，但並不完全同意每位寫作者都是如此的。過去，筆者第一次寫臨床心理學教科書時，主要的理由是為了解決急迫的教材需求，以及來自某一出版商老闆急於開展其出版事業的央求。那時我剛學成回國教書，每月有固定薪水，雖然不多但至少衣食住行都不成問題，而且出版商負責人自願打破當時行情，給我特別優厚的稿酬。所以，寫作動機強弱的排序可能由於寫作當時的生活背景與時代背景而定。例如就從事大學教學工作的一大群教師而言，為了升等而撰寫論文的動機在排序上可能要放在第一順位。以林黛嫚所說的那一句「獲得稿費一定是寫作的最重要因素」或許改成「獲得稿費是重要，但不是最重要因素」較合乎事實。

　　寫作過程中，動機因素非常重要，這是不能否認的事實，而這項因素在寫作剛開始愈強愈好，若一開始就有強烈的寫作動機，它就會驅動寫作者日以繼夜不停地繼續寫下去，不會因其他因素干擾而分心做別的

事，可以很快地走完寫作的全部過程。

　　所以，如何加強與保持寫作動機呢？這個議題過去似乎沒有人提到，但筆者在撰寫此書的開始卻遇到這個難題，所以在此很想深入地探討它，或許這項探討有助於目前正好遇見這項難題的寫作人，而能助他早日突破這種困境。去年 9 月 20 日把《夢之心理學》順利送進臺灣書籍市場之後，我就計畫著手撰寫《夢在臨床工作與一般生活的應用》。但大約十月中，五南圖書的王副總編來訪，也請我為其公司撰寫兩本書，分別從我過去習於討論的習慣觀點寫如何解夢與撰寫論文。

三、如何運作寫作動機的強弱？

　　對於撰寫這兩本她提到的書，我當時並非全然無動機去寫，但要馬上開始寫，則心中有抗意，很難馬上答應。關於這件事的前後始末，在本書緒論我已提過，在此則不再贅述。那為什麼現在就有撰寫此書的動機，而且如此之強烈？強到幾乎每天都要求自己一定要平均花費約兩小時在這工作呢？想到的理由有如下三項：第一，因為對於別人，我本來就有「來者不拒，去者不留」的基本態度，而在這態度之上再加上王副總編輯與我初次見面時表現的「懇求多於強求的語氣」，這兩者合起來又勾起了我想幫助她的動機；第二，是王副總編對我有求必應的合作態度以及慷慨地以贈書方式找來十多本參考資料，她的這些做法都直接強化了我要寫這本書的動機；第三，也是最重要的理由是，略看了王總編為我找來的這些參考書以後，心中不由自主地的冒出一個想法：告訴自己我要根據這些參考資料寫一本書，其名為「如何寫作，從良好習慣談起」。有了這個想法以後，寫這本書的動機就突然增強了好幾倍。這第三個動機大概就是前述哪位英國小說家喬治・歐威爾所說「完全自我中心」的動機。我知道我心中冒出的那個想法中有很自我中心的自我期許：「我如果好好地把這本書所有內容都圍繞著真、善、美、速的良好習慣四大原則清清楚楚有系統地寫出來，一定會成為很了不起的創作

品。」在這一段我所要強調的是，若能善用本有的潛在態度以及運作相關的外顯動機的話，寫作的動機是可以從「不強」增強到某一程度的。

　　除了如何加強動機之外，還有如何預防寫作動機受阻甚至消失的問題。筆者過去也遇到這問題，所以特別把它提出來討論，因為這情形若繼續出現在寫作生活中就會累積成為負面效果，使得寫作者開始懷疑自己的寫作能力，久之則變為不想寫作了。

　　筆者認為若有人遇到這種情形，他最好勉強自己把寫過的草稿找出來重看一次；在重看過程中，寫作動機就會重燃強化。因為重看寫過的初稿會引發新觀念，而引發的新觀念會重燃寫作動機。所以把新觀念逐一寫下來，不管它有多少個，把它們都寫下來。這些新觀念或許會拓寬你本有的相關視野，而它逐漸掩蓋本來衝不過去的寫作障礙，停頓不前的寫作過程也會重新啟動。以上是筆者未經證實的「認為」或假設，只有依靠有心人去證實才知它的真偽。

　　若寫作者有足夠強烈的寫作動機，接著是要寫什麼的問題。有人說事實上，要寫什麼和寫作動機是息息相關的，因為清楚地知道要寫什麼時，寫作動機的種子就會萌芽長大；也有開花結果的機會。

四、研究碩博班生如何尋找論文題目？

　　影響要寫什麼的因素，可分為外在的和內在的兩方面。對於碩博士班三、四年級研究生來說，要寫什麼的範圍並不是無止境地廣大無邊；如果他是某研究所的碩士班學生，他就只能在該研究所學術領域內尋找要寫的題目。若進一步，他專修的是某研究所內某一分組，他能選擇的論文題目範圍就更受限了，因為他只能在該分組的相關領域裡選擇論文題目。有些分組的論文指導教授只願意指導某一專題的研究，所以若某碩士班生要選他為指導教授，則要考慮再三。

　　若選擇題目的自由度不像上述那般地受限，則碩士班學生可根據自己過去所學而較有興趣的題材尋找論文題目。這時，筆者建議學生先逐

一閱讀過去同系所碩士班寫過的論文。經過閱讀這些論文，也許你就可找到有興趣，而且想繼續探討的寫作題目。除此之外，你也可以瀏覽系所內教授發表過的著作，從中尋找寫作的靈感。

　　以上所談論的，是影響決定寫作題目的外在因素，這一類外在因素較常見於一般大學研究所內的碩博士班研究生。對於其他寫作人，例如自由作家而言，內在因素也許比外在因素更具影響力。「有感而發」這是我們常聽到的一句話，它是與寫作有關的一句話。而對這一句話若詳細地去探究其意義，事實上它是「對某一事件有感而發」的簡寫，是個人所接收到的外在條件與內在條件的互動之後發展出來的反應。習慣於「有感而發」的人，分析起來，應該是對於外在刺激與內在刺激的感受比一般人都更敏銳，也更易於對這些感知做出反應的人；這種「更敏於」與「更易於」的心理傾向，有部分是靠先天的賦與，而很可能某些部分是由後天的學習而來的。

　　在 2020 年 8 月 2 號的聯合報副刊，我很難得地，像遇到久違的好朋友似地，閱讀到〈送禮的大學問〉一文，作者是廖玉蕙，不知她是否為我所知的哪位著名女作家，或是同名同姓的另一人。這篇的內容恰好可當為筆者上段所談的「習於有感而發」的範例，所以把它的摘要寫在下面。該篇的主角是廖玉蕙的兒女，經過多年的互動與仔細觀察，她發現自己的兒女送禮給老師、給自己父親與給作者生日禮物的行為有個規律性變化，亦則，從較幼稚時的反射出他們自己內心的渴慕，就如一句俗諺所說：「好的東西要跟好的朋友分享。」而隨著送禮者心智的成熟，送禮行為就變為更務實，更合乎受禮者內心真正所需要的。若以溝通心理學術語來說，是經過「同理心了解」贈送禮物。所以作者在該文中間部分，下了一個總結論：「我真心認為送禮是門大學問。要送出讓受禮者感到窩心的物品，必定對受禮者要有長期深刻的觀察與關心，而不光是憑藉著自己一時的浪漫想像。這樣，才能送出有心意的禮物。我平時送出和收到的禮物，印象最深刻的都是跟女兒有關。」

　　在該文後段，作者舉出她自己青春年少時期，有一次送給父親生日禮物時，受到深刻的挫折感與慚愧欲死的痛苦經驗。她說那一次的痛苦經驗，若追根究底，應該是由於她對父親遇到車禍後在外表和穿衣方面有了顯而易見的變化，自己卻因不注意而麻木似地一無所悉。作者又說與她自己對父親外表變化的不敏感相比，她長大的女兒卻能用心去洞悉作者的複雜人際關係，而在作者七十歲生日前悄悄地聯繫作者的閨密、學生、文化界朋友一起為作者錄製了一個小短片以表達祝福。

　　所以，前段所述的「有感而發」，就是像廖玉蕙的〈送禮的大學問〉一文所暗示的，是可以由後天學習來培養的。如果你每看到某一外界刺激時，就能及時地自問，對這個外界刺激我產生了什麼感受或聯想，或想做什麼具體的反應，則可強化「有感而發」的寫作過程，或送出能讓別人感到窩心的禮物。

　　外在的新刺激不停地出現在我們的身邊，所以若能養成「有感而發」的寫作習慣，一般作者就不會遇到「寫什麼才好呢？」的難題；諸如近年來的地球暖化帶來的氣候極端化，新冠疫情引發的全球人際關係的普遍疏遠與惡化，美國的疫情變化加上四年一度的總統改選可能引發的全球各國之間權力版圖的改變等，認真說來，可成為寫作題目的總數可能有天文數字之多。不過對這麼多的外在刺激，你的內在狀態是否存有那麼多相對應的反應機制呢？答案當然是沒有！但你若勤於培養這些反應機制，久之你就會發現自己也成為一名「有感而發」的文學作家了。

第四章
蒐集可用於寫作的材料，與如何寫成合乎眞善美速四原則的作品

寫作動機已有而且強烈，寫作題目也訂了，再來要做的工作是如何蒐集可用的材料，然後要思考的就是如何把蒐集到的材料前後安排，組織妥當，寫成一個又眞又善又兼具美與速四大寫作原則的作品呢？

一、蒐集可用資料

蒐集可用的寫作材料不是全靠臨時抱佛腳的懶惰技巧就可應付得了的，而是要靠平時的敏銳觀察與耐心，加上多年的用心選擇分類、累積、儲存的資料，再加上廣讀古今中外多方領域的名著以及寫下讀後的感想才能辦到。林黛嫚關於這一點說了如下一段很動聽的建議：「要多讀，多想，多觀察，多體會，這四多行為是古人教我們如何寫好文章，儲備材料的方法，雖然是老生常談，卻也是不能顛簸的道理。」

2011 年 9 月，吳宏一在遠流書局出版的《作文課十五講》79 至 80 頁也說了類似的一段話。吳氏把「四多」改為四要：一、是要能掌握正確的資料；二、是要切合現實生活的環境；三、是要能反映客觀事物的眞相；四、是要能表達自己眞實的情感。從筆者觀點看來，吳氏的「四要」是在強調用於寫作的材料務必是「主客觀兩方面都是眞實、正確的」資料，也在強調筆者的第一個「眞的」良好寫作習慣原則。

四要之外，吳氏也進一步地提到「五要」：一、是蒐集的資料務必

周全；二、是選擇材料要精審；三、是應用材料要恰當；四、是排比材料要勻稱；五、是運用材料要巧妙。吳氏的這「五要」中前兩要與如何蒐集資料較有關，而後三要則與如何應用蒐集到的資料關係較密切。此外，也和筆者的良好寫作習慣第三與第四個原則的美與速有關連。理由是如果能把蒐集到的材料在寫作中排比得勻稱，應用得巧妙，寫出來的文章，讀起來很順暢聽起來容易懂，好讀又好聽，富於美感，而如果應用的材料都經過精心的審查且恰當地選用，就不會讓讀者感到分心，無關重要、而是多餘。

二、如何組織資料

當你按照確定下來的題目周全地蒐集了所需材料，再來要做的工作，是如何地把這些材料組織起來成為一篇符合真善美速原則的好文章。這一項工作是相當艱鉅又浩大。有不少從事寫作的人說這項工作要靠想像，因為想像的心理活動會根據與這些材料有關的記憶創造出新形象；而在這創造新形象的過程中會引發許多聯想和與聯想的結果。根據佛洛伊德與 Jung 多年的臨床精神分析研究發現，聯想過程與內容和每個人的生長背景、所學和性格息息相關，所以雖有相同的材料，不同的寫作人會把它們組織成很不一樣的文章。若以簡單的例子來說明這一點，則可想到牛頓被蘋果打到頭頂這一件事。過去或將來，坐在蘋果樹下被掉下來的蘋果打到頭的人絕對不會只有牛頓一個人，只是不知有幾個人；但他們不一定都會把兩個資料──「坐在蘋果樹下」和「被蘋果打到頭」組織起來，創造出「地心引力」的新概念。當然其他人只要他的智商是某一程度以上，也會把這兩項資料組織起來，而有人則會像筆者在第一章所寫，被麻雀的屎尿滴到風衣的領子時所聯想到的「今天會有倒霉運」，而有人剛好沒錢買飯吃，就會聯想到：「這是上帝的恩賜，我不是偷蘋果的罪犯！」若他是蘋果園的主人就會想到「蘋果熟了，該摘下來到市場去賣啦！」

　　雖然我們可以靠想像與聯想，把蒐集到的材料組織或連結成為一篇文章或一本書，但寫作的題目在這方面也具有影響力；寫作人在寫一篇文章時總不會憑想像與聯想，而把蒐集到的所有資料隨心所欲地組織成為一篇「文不對題，不知所云」的文章。所以，在撰寫時寫作人一定會留意這一點，從文首到文身，直到文尾，時時刻刻都要告訴自己，文章一定對準題目，最好不離開它，這也是符合良好寫作時要注意的「速的原則」。但聯想，甚至於自由聯想在寫作中適度地使用雖然稍微觸犯到速的原則，但我們還是不能否認聯想的內容還是有助於「美的寫作原則」，是可以考慮使用的。所以，問題是在於聯想與自由聯想如何配合拿捏使用。

　　如何把蒐集到的材料組織成為一篇好文章呢？這對於開始寫文章的人來說，的確是一個難題，但對於已經寫了不少篇文章的人來說，並不很困難。理由可能很多，包括；第一是寫作題目的約束力。筆者在前面已提過，寫作開始之前，經過長思與多番的考慮，寫作人已經確定了寫作題目。題目一確定，絕不要寫一篇文不對題的怪文章想法，或自我叮嚀聲音在心中就開始響起，而這種叮嚀的聲音就一直扮演起寫作嚮導者的角色，在適當時候就出來指點寫作人要「從蒐集到的一大堆材料中找出最適當的材料來寫」；第二是寫作體裁的約束力，寫作的體裁有新詩、古代詩、小說、散文、論說文等。如果決定是使用論說文的體裁，資料在文中出現的順序自然已有定位了。依據林黛嫚之意，「論述說理的文章，就要減少抒發心情的美文，以免削弱論說文應有氣勢。」她也說每一種體裁都有其必須遵守的規範，小說要寫得像小說，散文要寫得像散文；不然，寫出來的就如一篇「文不對題」的文章，小說不像小說而像散文一樣，不三不四。至於每一種寫作體裁分別具有什麼規範，林黛嫚在其文語句分析的部分做了一些討論。

三、寫作的體裁與資料的組織

　　關於論說文體裁的文章，在每天的聯合報 A2 社論欄，讀者都有機會接觸到，所以在此就以 2020 年 8 月 10 日（星期一）的社論為範例，詳細地檢視它的體裁。此篇社論以「時代力量會變成另一個台聯嗎？」為題，全文分為八段。在第一段，作者先討論此社論題目的契機理由，以最近發生的事情為例詳細描述。實例之一，是最近發生時代力量政黨主席為某一大商業公司經營權之爭而收受其款項事件，因此發生十多名黨員相繼退黨的慘重後果。其二，這種慘重退黨後果的遠因是該黨成員一直有路線分裂的問題。在該文第二、三段，該文作者則分別描述與指出時代力量的人組黨的歷史背景；成立時就缺少黨的自主性核心主張，而只有「反國民黨」與「反中」的路線。這兩條路線又與民進黨的大同小異，並且「反」的效果卻完全流進民進黨的超級大口袋裡，使得民眾眼中看不到時代力量對於重創國民黨有何貢獻；如此一來，時代力量的發展逐漸走入死巷。在第四、五段，該文作者則進一步提到時代力量沒有盡力扮演在野黨的角色，對執政黨的諸多弊端不是閉口不談，就是經常放水，表現出不清楚自己黨的真正目標在哪裡。在第六段，作者進一步指出，時代力量組黨後從未能擺脫「小綠」的質疑，理由是該黨的誕生原本就是靠民進黨從旁孕育，而且黨內本來就有「堅定的小綠派」。這些小綠派後來趁民進黨認為「小綠」對「大綠」的忠誠不足、不可靠時陸續出走。在該文最後的第七段，作者就借用某一時代力量不分區立委的評語說，時力如果仍以扮演「小綠」為滿足，而不思索監督掌權者的偏頗不公，不積極悍衛百姓權益，其衰敗是可預期的。至盼志於扮演第三勢力的政黨，均該以此為戒。

　　以上，借此篇社論，筆者指出，寫作者應把辛苦地蒐集到的可用材料組織成意圖清楚可讀性高的文章。借此社論及筆者的分段式解析，讀者可看出，社論會用怎樣的體裁以及怎樣的順序，把蒐集到的資料組織成一篇脈絡清楚意圖分明的文章。就此篇具有警告性的社論來說它的資

料安排順序是先把與問題有密切關係的資料提出來，接著提出該問題的可能遠因與近因資料，再來就提出可做爲對照的其他類似資料，而最後就提出可用爲解決問題的建議性或警告性資料。

　　爲了進一步了解是否其他社論也使用相同的順序組織，已經蒐集到的資料，筆者擬再提另兩篇社論來進行驗證性討論。第一篇是 2020 年 8 月 12 日，前篇社論二天後的聯合報社論；它以「面對民意反諷，小英該看看日韓的調整」爲題。該文的第一段，是關於完全執政的民進黨員最近接連爆發的四件貪腐醜聞資料的詳細說明。第二段是關於這種貪污事件的原因分析資料。此文在此段所使用的不是民進黨過去的資料，而是由不久前的國外許多政黨留下來的歷史紀錄。此篇社論的作者在該文第二段就說「絕對權力，絕對的腐化」並不只是一句警語，而是經由對許多政黨政治行爲資料進行科學性驗證後留下來的鐵律，它至今屢試不爽。他說完全執政的情況一發生，而執政權力與在野監督力之間的拉扯開始不平衡時，腐敗現象就會自然地出現在執政黨黨員中，若遇到這種情況，許多當權者爲了挽回下滑的人民聲望會跳脫黨內派系的箝制，以爭取更多社會支持，贏回民心。在第三段至第七段，作者提出過去在日本、南韓發生這種「絕對權力，絕對腐化」的資料，並且提出該兩國執政黨在此時以什麼手段挽回政治危機。在最後的第八段，作者就清楚地指出民進黨雖然漸知完全執政不需要貪污劇本的說法很難不出現在自己黨員中，所以開始查知黨內的確也有腐化現象，進而採取一部分類似日韓執政黨用於挽回民心的策略，但在外交策略上，卻不像日韓兩國做了大幅度的修正。在第八段的最後，作者雖然沒有指出民進黨的錯誤，但也暗示了自己心中的不認同感。

　　若把前舉的第一篇社論內容和第二篇拿來做比較，我們就可看出，這兩篇都在第一段提出來主要論題；例如第一篇是 A 黨黨員退黨潮危機的描述，而第二篇是關於 B 黨黨員開始貪汙腐化現象的描述；這兩篇文章都在最後一段，由作者提出建議與警語，在文中的幾個階段，雖然段

數有所不同，也都有議題的成因分析，包括遠因與近因。

　　下面筆者依其習慣理論的要點，亦即刺激與反應兩者比率若高於三分之二以上，則該關係可稱爲習慣，所以舉出第三篇社論來驗證這一要點可成立。這篇社論的內容，果然也具有前兩篇相同的資料組織方式。此篇社論以「這樣的環保署，還能保護臺灣環境？」爲題。讀者一聽這題目，就知道它具有濃濃的批評性煙硝味。此文也和前舉第二篇社論一樣分成八段。每一段內容分別如下：在第一段提出來的資料也詳述最近臺灣環保團體（不是環保署）和醫界發起的「台灣中南部反空污大遊行」，提出宣布氣候緊急，減碳改善空汙，訂定無煤期程三大訴求，以及臺中市長呼籲中央政府必須回應臺中市要關掉臺中火力發電廠兩部燃煤機組的決定。在文中第二段，作者提出與這議題有關的成因分析，包括舊有的汽機車排放和工廠汙染問題的未見改善，綠能發電只有口號電量卻始終不增加，以及環保署無力扮演應有角色……等。從第三段一直到第七段，作者繼續分析與提到議題產生的最重要近因，爲環保署的霸道行爲與行政院的看顏色而制定與廢除環保條例的離譜行徑……等。可見成因之多雖以四段文章還不能把它們道盡。在最後第八段，作者很失望地以無奈的口吻寫出懷疑環保署是否有保護臺灣環境能耐的怨語與警告性話語。

　　如果從「能同時兼有『眞、善、美、速』四大原則的文章，才是良好習慣的寫作產品」觀點來看，社論式題材似乎能滿足其中的「眞」與「善」兩大原則，因爲在討論三篇社論時，讀者看到，社論題裁的文章都會從問題現況的詳細描述，或列舉實例開始，也會爲這種描述撥出足夠的寫作空間；此外，也會爲問題的成因分析，分爲遠因、近因兩方面，盡量地撥出空間，以利分析工作的徹底進行；且若需要，也把古今中外的這種資料，應有盡有地統統排列出來，以示問題的嚴重性與普遍性。至於此型體裁文章也符合「善」的原則這一點，我們都知道它的文尾會自然地導向一些關於解決問題的建議或漠視問題的警告，而這些建議或警語都出自於寫作者的善意。

四、如何把文章寫得有美感？

　　至於這種體裁的文章是否同時也符合美與速的原則呢？關於這一點，林黛嫚曾經如此說：「確定了使用的體裁，就必須遵守那種體裁的規範，小說要像小說，散文要像散文，論述說理的論說文就要減少抒發心情的美文，以免削弱此類文章原有的氣勢。」林黛嫚在這裡說得很妙也恰當；她說，論述說理的論說文要減少抒情，但並沒有說絕對不要。問題是要減少抒發心情的美文到什麼程度，才不會削弱論說文原有氣勢呢？林黛嫚對此問題並沒有追加討論，但說了轉緩性的一段話：「當然，熟悉之後，若能出入於各種寫作的體裁，自然也能創造出屬於自己的特殊文體。」換句話說，論述說裡的論說文裡也可放進一些但不要太多抒發心情的美文（此段乃筆者加進去的）。

　　依林黛嫚上段的說法，所謂「美文」都與抒發心情的句子有關。林氏的這一句話是否也暗示，所有的「美文」都是由抒發性句子所構成，而若沒有抒發性句子在裡面就不會有美文？筆者認為這是邏輯性問題，最好小心仔細討論之後才能徹底澄清是或否。美與不美，乍聽之下那是情感成分很重要的心理反應。由聽覺或聲音刺激，具體地說是與音樂有關的心理反應。聲音刺激又可分為聲音的強弱、高低、平仄、旋律、快慢、重複等很多種，而每一種刺激分別引發不同的情緒反應，包含正向情緒的喜愛、高興、快樂、舒暢、希望、興奮、盼望、期望、讚美和愛戀等，以及負面情緒，包括憤怒、恨、悲傷、失望、哀怨、絕望、自憐……等。因為聲音的變化與情緒變化有上述的密切又複雜關係，所以古今中外的文學家在寫作時致力於鑽研如何選擇詞句，以便徹底地把自己所知覺到的一切情感表達出來，藉以引發讀者與聽者的情緒共鳴。

　　就使用漢語的文學家來說，據文獻記載，從唐朝初期就有稱為初唐四傑的王勃、駱賓王、盧照鄰、楊炯，在格律詩中發現隱藏著的四個寫作原則。

　　第一個原則是寫詩時，要掌握格律詩的「平仄」規定。他們說，唸或讀漢語文時，都會發現文中每一詞的讀音都屬於平、上、去、入四個聲調中的某一個。平聲是國語的一聲、二聲，例如：「拼」、「頻」兩字，而仄聲是國語的三聲、四聲，例如：「品」、「聘」兩字。

　　第二個原則是「句內平仄相間」。此原則的意思是句子內的用詞要注意詞音的平仄是否有規律的相間。句內平仄相間所指的是以一定的單位，亦則一個字或兩個字或三或四個字為單位相間，並不是要一個字一個字相間；至於幾個字為一個單位，則由詩的意義結構和節奏結構來決定。例如，七言句由平仄相間是前四個字，則以兩個字為一個單位，而後三個句可分為五與六、七平仄相間。

　　根據句內平仄相間的規則可以寫出如下七言的四個標準律句：
1. 平平仄仄平平仄
2. 仄仄平平仄仄平
3. 仄仄平平平仄仄
4. 平平仄仄仄平平

　　因為五言律句是等於把七言律句的最前面兩個去掉就好，所以下列的就是五言的四個標準律句：
1. 仄仄平平仄
2. 平平仄仄平
3. 平平平仄仄
4. 仄仄仄平平

　　杜甫是唐朝詩人，後人稱他為愛國詩人，一生中寫了許多首此類的詩，首首經典，膾炙人口。其中一首寫於公元 761 年（上元二年）春，是他經過多年的顛沛流離後，到四川成都定居兩年後寫的。那時他親自耕作，種菜養花，與農民交往，所以對春雨之情特別深。下段以「春夜

喜雨」為題的五言詩，是某夜他見到降雨潤澤萬物的美景時，有感而發寫下來的。對春雨，他之所以有如此深情，筆者認為與他在陝西時遇到「旱災」有密切關係。筆者之父也務農，因此筆者讀高中以前也常在田埂中日夜奔波，幫父親巡視水稻田中的水量夠與不夠。水稻未結穗時，最怕春雨不來，若水稻結穗後大雨不停，稻穗浸了水，來不及收割則在田中發芽，收成因此大受影響。因此，看了杜甫的〈春夜喜雨〉，筆者也極為感同身受。

〈春夜喜雨〉
好雨知時節，當春乃發生。
隨風潛入夜，潤物細無聲。
野徑雲俱黑，江船火獨明。
曉看紅濕處，花重錦官城。

　　李白字太白，也是唐朝詩人，有「詩仙」之稱，也有人認為他是最偉大的浪漫主義詩人，他生於公元 701 年，比杜甫早 11 年，據記載，他的存世詩文千餘篇。有人將其中兩篇〈蜀道難〉、〈將進酒〉選為代表作。下段舉其中的〈將進酒〉一篇，讀者可察知到李白的浪漫縱情，現時享樂，與不後悔等混合在一起的特殊個性流露於詩篇中。

〈將進酒〉
君不見，黃河之水天上來，奔流到海不復回。
君不見，高堂明鏡悲白髮，朝如青絲暮成雪。
人生得意須盡歡，莫使金樽空對月。
天生我材必有用，千金散盡還復來。
烹羊宰牛且為樂，會須一飲三百杯。
岑夫子，丹丘生，將進酒，杯莫停。
與君歌一曲，請君為我傾耳聽。

鐘鼓饌玉不足貴，但願長醉不願醒。
古來聖賢皆寂寞，惟有飲者留其名。
陳王昔時宴平樂，斗酒十千恣歡謔。
主人何爲言少錢，徑須沽取對君酌。
五花馬、千金裘，呼兒將出換美酒。
與爾同銷萬古愁。

乍讀此詩，雖無法詳知每一詞的深意，但可直接感受到李白性情豪爽，思維廣又深，很懂得享受美酒給他個人帶來的好滋味。〈將進酒〉這一首七言句中有時參雜了三言句，讀起來，音調緊湊有力，很特別。是否這種寫法是李白個人獨有的風格，或也可見於其他唐朝的詩人？這是很值得探討的議題。若只見於李白的詩，則可說，李白的文思詩風並非當時文風規定所能約束，因爲，他這個人是社會風潮的領先者，風格的創新者，絕不是死守老風格的人。這一點中在〈將進酒〉的第三句與第四句；這兩句中，他連用「盡」字兩次，他說「人生得意須盡歡」與「千金散盡還復來」。讀完了這兩句，筆者心中突然想到「中庸之道過猶不及」的格言對他來說幾乎一文都不值的。

若將李白的這一篇詩與杜甫的〈春夜喜雨〉相比，讀者也容易可看出這兩位詩人個性之極不相同。李白豪邁不羈，杜甫則爲中規中矩的人。不管詩人的個性如何，寫出來的平仄詞句能勾起讀者以及寫詩者心中的美感反應才是最重要的事。但是，詞句的平仄組合只有像唐朝時期盛行的五言、七言律詩才會引起人類共有的美感反應嗎？如果是，那麼李白的〈將進酒〉一詩就不會了？因爲那一首詩中，摻雜了兩句三言律「君不見」和各一句的「岑夫子」、「丹丘生」、「將進酒」、「杯莫停」。或是，能夠引起美感反應的刺激句了，還有七言律五言律以外的三言律或二言律，或其他更多言的律句。或許在現代詞句裡，我們可以找到這疑題的解答。

五、現代臺灣詩的美感爲何處來？

　　在新冠疫情未大流行之前，只要下班回家遇到大雨或高溫時，筆者常會刻意經過臺大社會科學院新大樓走廊，因爲那一條走廊寬敞有涼風，又可避雨、遮陽。在大樓西端入口處有一新式電子網路看板，上面經常會播放楊牧的現代詩。那時，筆者偶爾好奇地佇足讀它的一小段，雖然那時毫無品嘗新詩的功力，但對「楊牧」這兩個字，不知何故給筆者的印象特別深，尤其「牧」字會產生很多帶有美感的聯想。今天，把書寫到這裡，要把他和余光中二位近代臺灣著名詩人的生平與詩品介紹給讀者時，筆者才知道他們對現代詩的貢獻是那麼地深。

　　楊牧生於 1940 年 9 月，是臺灣花蓮人，本名爲王靖獻。1946 年，六歲時就讀於花蓮市明義國校開始學國語，之前他只會台語、日語及少許的阿美語。從識字後，他勤於讀書，國小五年級時就讀了《血滴子》、《臥虎藏龍》等通俗小說，花蓮初中時還讀了《水滸傳》、《西遊記》。在花蓮中學高級部時開始翻譯小說，也參與刊物編輯。那時他以「葉珊」爲筆名。1959 年 9 月進入東海大學歷史系，後來因興趣不合轉讀外文系。畢業後，到美國愛荷華大學的「國際寫作計劃」詩創作班，獲得藝術碩士學位，當時楊牧認識了該班前後期同學的余光中、白先勇及其他後來引領臺灣文壇的作家。據說，影響楊牧日後的文風很深的是愛爾蘭詩人葉慈的浪漫詩風以及神與人關係的想法。

　　在愛荷華大學獲得藝術碩士學位後，楊牧就進入柏克萊大學的比較文學系，也獲得該系的博士學位。1972 年他筆名改爲楊牧，至於改筆名的原因何在，無從知曉。隨著筆名的改變，其作品風格亦爲之一變，這是很多人都看到的；改變後，在原有浪漫抒情之外，多了一份冷靜與含蓄，並開始有了關心現實問題的作品，由憂鬱沉靜抒一己之懷，轉而介入及批判社會。對自己的這種改變，楊牧曾對別人說：「變不是容易的事，然而不變即是死亡；變是一種痛苦的經驗，但痛苦也是生命的眞實。」1970 年初期，楊牧任教於西雅圖華盛頓大學比較文學系和東亞

系。1996 年應邀回到故鄉花蓮國立東華大學擔任社會科學院院長，一時之間讓東華大學成為人文薈萃、文風鼎盛的地方。2020 年 3 月 13 日，楊牧病逝於台北市國泰醫院，享壽 79 歲，以上是關於楊牧這位近代臺灣詩人的生平與學經歷。下面，我們就來欣賞這位時空離我們不是那麼遙遠的文才，給臺灣文學界留下的許多近代詩中的一篇。

這一首以「孤獨」為題，其內容如下：

孤獨是一匹衰老的獸
潛伏在我亂石磊磊的心裡
背上有一種善變的花紋
那是，我知道，他族類的保護色
他的眼神蕭索，經常凝視
遙遠的行雲，嚮往
天上的舒卷和飄流
低頭沉思，讓風雨隨意鞭打
他遺棄的暴猛
他風化的愛

孤獨是一匹衰老的獸
潛伏在我亂石磊磊的心裡
雷鳴剎那，他緩緩挪動
費力地走進我斟酌的酒杯
且用他戀慕的眸子
憂鬱地瞪著一黃昏的飲者
這時，我知道，他正懊悔著
不該貿然離開他熟悉的世界
進入這冷酒之中，我舉杯就唇
慈祥地把他送回心裡

　　對這首詩網路上有人寫了七段註解；該註解相當長，筆者把它摘要成如下：他說敘事者最後接受了自己心中的孤獨感，雖然首先注意到自己有那種感覺時感到難過不好受，讀完這首詩時，筆者注意到楊牧寫這一首詩的時間與空間，那是 2019 年 9 月 18 日的上午 5 點 16 分時。若把這時間和他逝世的時間 2020 年 3 月 13 日放在一起做比較，就知道那是他逝世的半年前，所以這一首孤獨的詩很可能是那時他的心境變化。

　　在這一首現代詩我們可清楚地看到，在寫法上和唐朝詩的五言律和七言律很不一樣。它一開始就是由九個字形成的一句話，而第二句話是由十一個字形成的，第三句是由十個字，第四句突然地只用兩個字形成，根本找不到有什麼規則性。但讀起來卻很通暢，有一點美感，有一個規律隱約地潛藏在裡面。在詩的第一段，作者把孤獨的感受象徵性地描述成一匹衰老的獸，顯得很可憐、很無奈、很被動，但仍帶著一絲絲的小希望，希望自己還能像遙遠的行雲那樣自由自在地舒卷和漂流。但在詩的第二段，作者又覺得這種孤獨是無法擺脫的，不如好好的接納它視為好鄰居，相依地活下去。

　　詩是一種寫作的方式，用以顯示出寫作的美感。以上所述的唐詩和五四運動以後的現代詩，雖然在「以幾言為一句」的規定有了很大的改變，但其中所潛藏的音律還是保存著唐詩原有的那種既順暢又抑揚有致，自然美妙的旋律。

六、字詞的聽覺和視覺聯想，可使作品產生美感

　　其實，用於寫作的字詞使讀者享受因其發音的平仄引來的舒適感受，也會使讀者體驗到字詞產生的色彩與姿態之美感。例如，當我們寫出「藍天白雲」四個字時，雖然由聯想而來的視覺意象可能因人而異，但與視覺意象相關的情緒反應也許不會相差很大，而且都是正向多於負向。所以，寫詩或寫一篇文章時，寫作者最好再三地考慮所採用的字詞會引發什麼視覺意象的美感，與這些字詞所引發的平仄聲調排列帶來的

美感，而設法並用由聽覺與視覺意象引發的美感；或許從這樣的試探再試探，寫作者最後會幸運地找到一個可倍增文章美感的途徑。

　　若寫出來的一篇文章，其內容不但符合「眞」的原則，也符合「善」與「美」的原則那就更好了。爲了讓寫出來的文章符合美的原則，寫作者最好能夠經常吟誦、閱讀著名人物的唐詩或現代詩，或喜歡歌唱、跳舞。因爲在這幾方面，若有豐富的歷練，久之，這些有形的歷練就漸漸成爲無形的記憶痕跡，而這些無形的痕跡鞏固了之後，就會不知不覺地影響他寫作的風格。

七、有幾種修辭可用於美化文章？

　　除了要累積以上所述的歷練之外，我們也可經由多學習了解語言修辭的知識，並且多番地試用修辭的知識，來豐富寫作品的美化。

　　有關常見於散文的修辭有哪幾種，讀者可參考高詩佳的《向大師學習寫作》。在該書，高詩佳蒐集了胡適、徐志摩等名人所著的「經典原文」15 篇，並詳細閱讀它們之後，列舉常出現在該經典原文每一篇中的修辭。筆者就根據她列舉出來的全部修辭做了一番統計分析，最後發現如下結果：第一，修辭的種類共有二十三種；其中，最常出現的是「排比」。排比所指的是兩組或以上型態相似的句子，它們皆表達同一性質的情思或意念，而寫作人把它們刻意地排列在一起以形容某一人、事、物。例如：在胡適的「〈差不多先生〉一文中有一段屬於此類的句子「他有一雙眼睛，但看得不很清楚；有兩隻耳朵，但聽得不很分明；有鼻子和嘴，但他對於氣味和口味都不很講究；他的腦子也不小，但他的記性卻不很精明，他的思想也不很細密。」另外在那位性格浪漫，一生追求愛、自由與美，但於年紀輕輕三十四歲時，就因座機在霧中撞山而逝世的徐志摩，在〈巴黎的鱗爪〉一文第一段的中間部分，就說：「讚美是多餘的，正如讚美天堂是多餘的；咒詛也是多餘，正如咒詛地獄是多餘的。」而在同一文第二段一開始就說：「香草在你的腳下，春風在你的

臉上，微笑在你的周遭。」徐志摩使用排比的方式來形容巴黎城市和市民給他的最美好的性質。至於為什麼排比的修辭方式是寫散文的人最愛呢？筆者目前還不知，但認為這是很值得深究的議題。

　　譬喻和排比一樣也是寫作人最常用的修飾辭，高詩佳說，譬喻是用具體的事物來形容另一抽象的事物；所以使用譬喻修飾辭時，句子前面就要有「像」「好像」「似」「猶如」等字詞。

　　高詩佳說在王尚義（生於河南，畢業於臺灣大學醫學系，也是英年早逝的文學奇才）的作品〈童心〉中可找到如下一段他描述自己弟弟因想念被父母送走的小狗，而心情有了大改變時的狀況：「弟弟像害了相思病，無時不想念他的小狗。」也舉了一段話，描述母狗因想念牠所生而全部被送走的小狗：「萊西好像懂得他的話似的，不住地用舌頭舔著弟弟的鼻尖。」

　　統計結果發現「設問」的修辭法受到九位散文寫作者所愛用，此法在次數上的排名順位意外地比筆者想像的還要前面，是第三位。高詩佳借用胡適的〈差不多先生〉一文解釋說，為了引起讀者的注意，有些作者在文章的一開始或某處就寫出自問自答的句子，例如：「你知道中國最有名的人物是誰嗎？」筆者認為這種修飾法，除了可以引起讀者的注意，也可用來拉近讀者與作者的距離，例如，作者在文章的一開始就問：「我為什麼要寫這一篇文章？」這時，表面上好像是寫作者在自問，其實也在問讀者這問題，以便鼓勵讀者和寫作者站在一起問這個問題，也一起來思考這問題。當然這一問也會引起讀者的注意，是不能否認的。高詩佳在蕭紅（筆名）所寫〈餓〉一文中，發現蕭紅為了解決再也無法忍耐下去的飢餓感而想偷取掛在別家門上的麵包來吃，但自己的良心又說：「那是偷竊的行為，絕不可以的。」換句話說，心中升起了很大的矛盾，努力克服這樣的心中衝突，最後放棄偷麵包的慾望。高詩佳說，作者在此時自問自答地說：「我拿什麼來餵肚子呢？桌子可以吃嗎？草褥子可以吃嗎？」並且也說作者的這種問法可歸類為「激問」，

而把另一問法：「怎麼叫醬魚呢？哪裡有魚？」歸類爲「提問」。看起來，高詩佳使用「設問」一詞來涵蓋許多不同的提問法。

　　「誇飾」是屬於第四順位的常用修辭法。它的意思是使用誇張的筆法將事物的特點描寫出來。例如：王尚義在〈童心〉一文中，描述其弟弟思念那些被送走的心愛小狗而傷心流淚時，使用的一種誇飾技巧是：「……弟弟沒話說了，他沉默地坐在藤椅上，眼眶裡滾滾地含著淚水。」又如盧隱這位 1930 年代，被稱爲「福州三大才女」之一，但不幸地也在三十六歲時就英年早逝，創作風格直爽坦率的女作家，在她的〈美麗的姑娘〉一文中，使用誇飾筆法形容男主角對愛情的真誠時，寫了一段句子說：「他以腰間的寶劍，劃開了自己的胸膛，掏出赤血淋漓的心，拜獻於你的足前。」若再舉一例，由徐志摩（又是一位英年早逝，性格浪漫，著名武俠小說家金庸的表哥）所使用的「誇飾筆法」，可見於〈巴黎的鱗爪〉一文，一開始就使用誇飾手法，強調巴黎大城市在觀光客眼中呈現出來的美，是如何地難以想像。他寫說：「到過巴黎的一定不會再稀罕『天堂』，嘗過巴黎的，老實說，連地獄都不想去了。」

　　「引用」和「誇飾」一樣，在常用的順位上是屬於第四名。「引用」的意思是引用別人的話，尤其著名人物的話或典故、俗語，來強化自己看法的說服力。例如魯迅 1925 年 4 月 3 日撰寫的〈戰士和蒼蠅〉一篇文章時，第一個字就寫說：「Schapenhauer（叔本華）說過這樣的話；要評定人的偉大，則要依據他精神上的偉大，這樣的人我們離開他的時間距離愈遠，他的所作所爲，就顯得愈大。」朱自清（1898～1948）是現代散文家、詩人、學者，他所留下的許多篇散文被認爲有極高的藝術價值；他的文章風格清新細膩，真摯深刻，感人肺腑。他的四篇散文被認爲是白話文的典範，其中一文的主題是「背影」，筆者在高中或大學的國文課時也讀過它，對它的印象迄今仍至深，聯想中，使我和已老的父親和他的背影緊緊地扣在一起。出自於朱自清的一文〈春〉中，他就引

用了南宋僧人僧志南的詩：「古木陰中繫短篷，杖藜扶我過橋東。沾衣欲濕杏花雨，吹面不寒楊柳風。」也引用了南朝梁蕭繹〈一年之計在於春，一日之計在於晨〉的名句。

　　「引用」名人所說的話來強化或美化自己文章或說詞當然是好的寫作技巧，但若千篇一律僅用同一位名人所說的，可能流於形式，陷入僵化，使讀者感到無趣，認為寫作人缺乏創思，也使聽者覺得刺耳，甚至產生厭惡的情感反應。過去，筆者剛從美國進修臨床心理學歸國回來時，常受邀到其他大、中、小學校、社區專業機構或學術團體做學術演講。那時，我不精於演講技巧，流於講課的形式，動輒就把精神分析學派創始人佛洛伊德的名字掛在嘴邊，留聲機似地開口、閉口就講「佛洛依德說怎樣，怎樣……」或「佛洛依德不贊成如此說法等等……。」後來臺大醫學院泌尿科的一位資深臨床醫生就批評我說，「柯先生到了美國好像只學到佛洛伊德的學說而已，他好像沒有自己的看法。」因此，引用著名人物所說的話語，程度上最好適可而止，不要太頻繁。凡事如儒家所說，守中庸，過猶不及的，不然就有反效果。

　　「感官描寫」修辭手法，在高詩佳的分類中，可再細分為嗅覺、視覺、觸覺描述，起初顯示不出它也是常用的修飾手法，但如果以「感官描寫」修飾法的名稱把它們歸類在一起，則成為常用修飾手法的一大項目。感官描寫是寫作者把接觸到他五官的外在刺激，包括嗅覺、視覺、觸覺、聽覺、味覺等器官的知覺感受內容，一一地以適當的詞句逼真地寫下來的意思。這一大類的修飾法用得好不好，完全要靠寫作人會不會對外界事物習慣性地投注全部注意力，於他所視、所聽、所嗅、所嚐到的刺激，以及在心中被觸發的反應，並且進一步自問現在我看到的是怎樣的物體，它有什麼形狀、色彩、聲音、味道等。例如朱自清在〈春〉一文中有如下許多這一類的感官描寫法：「風帶來泥土的氣息，混著青草味（嗅覺）」，「樹葉子卻綠得發亮，小草也綠得逼你的眼（視色彩感覺）」，「花下成千成百的蜜蜂嗡嗡地鬧著（聽覺）」，「吹面不寒楊

柳風（觸覺）」。

　　另一種修飾法稱為「聯想描寫飾」，它所指的是因外界現存的某個事物，（五官刺激）的觸發，活化了某個人的相關大腦神經網路，而使當事人系列性與輻射線式地聯想到許多有關事物的過程。例如，年僅二十七歲就英年早逝的福建閩侯散文界的明星梁遇春，在他的〈春雨〉一文應用了這種修辭手法。他寫說：「斗室中默坐著，憶十載相違的密友，已經走去的情人，想起生平種種坎坷，一身經歷的苦楚。」這一種修飾法恰好與前述感官描寫相反，把讀者的眼光世界無限地向內心過往的經驗世界推回去，引發無數的回憶、想像與情懷。雖然有這樣的好效果，這一種修辭技巧在使用上，還是以中庸之道為宜，因為使用太頻繁，可能使讀者捉不到文章的重心，所獲的效果適得其反。

　　在一般性文章較少使用，但在小說中一定會被用來表現某個故事角色的個性與思想的修飾方法叫做「對話技巧」。高詩佳發現，這個技巧被許地山用於〈落花生〉一文，使得爸爸、姊姊、哥哥和作者自己的價值觀無形之中顯示得清清楚楚。〈落花生〉一文本來的主旨是勸人「要做個有用的人，不要做偉大、體面的人。」

　　以上筆者舉出了許多寫文章時可用來修飾文中句子的技巧，使任何人讀起來都會覺得生動、流暢、有美感、感同身受、栩栩如生，久久難忘。筆者認為，除了唐詩、現代詩的技巧和高詩佳所舉出的二十三種寫作技巧之外，一定也另有其他技巧是可以拿來當修飾之用的，下段一個簡單的例子可用來說明這一點。

　　在 2020 年 7 月 18 日的聯合報 A 版名人堂專欄，筆者看到一篇由前衛生署長楊志良先生寫的文章，而該文讀到某一段落時，突然情不自禁地大笑起來，而且笑了好久，一直笑不停，笑得頭都痛起來，上氣不接下氣，連眼淚都流下來。到底看到什麼呢？有那麼好笑？

　　說起來，其實並沒有什麼真可笑的；只是楊志良先生在該文中的遣詞用字技巧和我的想法 180 度相反。我本來以為他會把美國要脫離英國

的獨立戰爭描述得多可怕，多慘烈。想不到他卻對那一場戰爭輕描淡寫的用「打了一架」四個字輕鬆地帶過去；大概是因為他的文章用詞和當為讀者的我所預期的落差太大，造成「思考失調」，致使我爆笑起來。但思考失調就一定會造成爆笑嗎？如果這個思考失調的落差方向相反於前面高詩佳所指誇大的「誇飾」呢？我想就不是爆笑，而是「目瞪口呆」或「不斷點頭」的贊成反應。若把那個引起爆笑反應的修飾技巧稱為與「誇飾」相反的詞語「矮化」呢？或許可以？但仍感不甚貼切。因為「打架」是用來描述發生在孩子間的小規模對立行為，但戰爭是用於記述發生在國與國之間的大規模流血衝突。

　　類似於楊志良先生的寫作技巧，亦即易使讀者有「爆笑」反應的技巧，也可見於 2020 年 8 月 22 日聯合報 A14 林政忠先生寫在聯合筆記欄的〈都是在野黨的錯？〉一文。如果把與「笑的反應」相關的該欄三段重點寫出來，其大意如下：「立法院四個朝野黨團，除了民進黨……其他三個在野黨最近如遭電擊。首當其衝是時代力量，涉賄的前主席儘管交保，該黨幾乎滅頂，跳船潮此起彼落，新任黨主席至今難產；許多人好奇，時力是否會變成第二個台聯黨？高雄市長補選，國民黨和民眾黨幾乎被打趴……國民黨選輸的是李 XX，重傷的卻是黨主席；民眾黨下場更悽慘，沒有選票，去了鈔票，……拿不回來兩百萬保證金……，競選人落選，結果火燒柯某某，……如今政壇有種吊詭氣氛，『老虎打不得，專打落水狗』，鮮少監督強勢的執政黨，反而猛打贏弱的在野黨，形成不正常的政治生態」。

　　讀到上舉三段林政忠的〈都是在野黨的錯？〉一文裡幾個用詞與句子時，筆者也不得不笑出來。這一些詞語或句子是「如遭電擊」，「幾乎被打趴」，「選輸的李某，重傷的卻江某」，「民眾黨下場更悽慘，沒有選票，去了鈔票」，「吳某落選，結果火燒柯某」，「老虎打不得，專打落水狗」。為什麼這些詞語或句子會使讀者的我笑得肚子痛，笑得上氣不接下氣呢？由寫的文章使人發笑，甚至爆笑一事，我聯想到幽默這

個概念。幽默是英語（Humour）的音譯，等於漢學古文的「詼諧」一詞；此詞指的是談話含蓄深刻有趣，越想越有意思，最後會使人發笑。我記得以前有位臺大心理學系畢業生，他的博士論文以「幽默」爲題目。他的研究發現，如果聽者聯想專題的內容和講者說出來的實際內容有意想不到的 180 度落差時，聽者就會自然地發起笑聲或甚至爆笑起來；例如在黑暗的房間裡聽鬼故事時，若說者把情境說得很逼眞可怕，使得聽者都忍不住屛氣發抖，甚至相信眞鬼會出來吸血吃肉，啃人骨頭時；但情境突然一變，燈光打亮，看到的卻是一位活生生極可愛的美人兒。這時，聽者一定深吸一口氣，然後發笑，或大笑幾聲。

　　以上，筆者特別提出高詩佳沒有提到的這種文章修飾技巧，其目的是，文章修飾技巧數目可能還有很多，所以寫作人最好透過博覽古今中外萬卷書，學到更多文章修飾技巧，使你的著作更生動，引起讀者多種情緒反應，加深印象。

第五章
高效益的寫作原則

　　若把文章寫得太短，文意可能還沒有完全傳達出來，讀者也不了解文章的核心思想是什麼，因而造成溝通不徹底的遺憾，或意猶未盡之感。反之，若把文章寫得太長，讀者可能會感到索然無味，導致興趣漸失。

　　高效益的寫作原則指的是，寫作者使用最少的字句，又能合乎真、善、美三大寫作原則，把意念與情感表達得徹徹底底無遺無漏，使讀者完全了解他要傳達什麼核心思想與感受，也不會使讀者曲解文意，不會惡用它，造成害人害己。換言之，能讓讀者善用文意做出利己又利人的行動，並享受文章帶來的美妙，輕鬆的體悟，是高效益寫作的宗旨。聽起來，要寫出一篇合乎真、善、美、效四原則的文章，似乎難如登天，要有「可遇不可求」的寫作能力方可辦到；如何努力培養才能具有它？這就是筆者想在這一章深入討論的議題。

　　除非是文學奇才，很少有人能一寫完，不再重讀，也不需修正就能出書。就筆者本身出書的經驗而言，經常都先把手寫的初稿重讀與修改多次之後，才請助理以電腦把它打成初稿並印出來給我。接著，我就把印出來初稿又修改一次後，再印出第二稿。有時雖然是第三稿了，還是有別字，或詞不達意以及唸起來不太順暢的地方，所以再修改這些。有時，在修修改改的階段，會冒出文章永遠修改不完的感覺，但也有修改過的文章總比未經修改的更接近真、善、美、效益四大原則的體會。

　　每學期每一科目的第一次上課，我都會告訴前來選修課程的學生，此課程除了要求不缺席之外，還要求每次上課後要寫一篇至少 600 字上下的聽課要點、感想或疑問。如此要求一方面可促使學生養成溫習的習慣，增加「溫故知新」的附加學習價值，另一方面也可助筆者了解學生的勤學吸收與了解程度，改善筆者授課技巧之資料。

　　閱讀學生交來的家庭作業，筆者一直都是興趣盎然的一一看完。我發現對於課後家庭作業，學生做出的反應個別差異很顯著，有些學生把每次作業寫得比我所要求的 600 個字更多，但有的就短短地只用 200～300 個字了事。有的寫的意思通暢，言簡意賅，有的則唸了幾句後就被卡住，不知所云，必須重唸幾次，並以筆者自己的意思從文中除去幾個字或在文中再加幾個字之後，前後才連貫起來；此外，有些作業中就出現別字連連，錯字也不少。

　　筆者認為，我們可嘗試將學生課後交來的這些作業做為原始資料，來檢視學生的寫作是否合乎效益原則，並且也找出一些以後可沿用的方法，來算出該文符合寫作四大原則每一原則的分數以及所得的總數。當然這是一件艱難的工作，但是很值得嘗試。在下段，筆者就先把兩位學生交來的作業原文抄下來，之後再把筆者看後修改過的作業呈現出來做比較。

學生 K 的作業：

　　「這次上課繼續說明了如何辨識和測量習慣。除了觀察個案日常的生活習慣之外，也可以從與個案晤談時常常出現的反應來觀察。對於這一點，我覺得其實和個案的日常生活習慣非常像。比如說是談論到某個議題時的反應，其實在日常反應中也都能看到。但我認為當中最大的不同，應該是這樣的反應是在晤談者面前出現的，這代表這些反應可以被細膩的觀察與記錄，而這是辨識習慣的一個很重要的因素。因為我認為在日常的生活當中，很多人都會對別人進行觀察（包括我），從而得出

一些屬於自己對於習慣的認定和結論，但是在日常生活中的觀察不免有很多混淆變項和未知的因子在影響我們所觀察到的現象，所以在類似實驗室中的晤談者訪談，就顯得格外重要了。

除此之外，我認為讓當事人自己寫習慣週記是一個非常好的辦法。通常在寫週記過程當中會發現自己常有的思維和行為模式，如果再有搭配後面介紹的測驗方式去發現自己的習慣，我認為會十分有效。」

讀完 K 同學的這一份家庭作業一次後，我就把它修改成如下：

「這次上課繼續說明如何辨識和測量習慣。除了觀察個案日常生活習慣以外，也可從晤談時他常做出的反應得知。我覺得後一點和觀察個案的日常生活習慣非常像，但這兩者最大的不同，在於後者的反應是在晤談者面前出現的，所以它們可被觀察記錄得很詳細，這是辨識習慣的一個重點。我認為在日常生活中，很多人都會觀察別人（包括我），從而得出一些屬於自己對習慣認定和做結論的方法。然而由觀察日常生活的方法得來的結果，會受到很多混淆變項和未知因素的影響，所以在類似實驗中的晤談方法比較好。

除此之外，我認為讓當事人寫習慣週記也是一個好的方法。在寫習慣週記時，我常會發現自己固有的思維和行為模式，所以如果把這方法和後面要介紹的測驗方法搭配在一起，藉以發現自己的習慣是十分有用的。」

把 K 同學的家庭作業從筆者觀點做了修改後發現：①使用的總字數減少了 130 個字，從原來的 435 字減少到 305 個字；若以原來的總數（435）為分母，減少後的總數（305）為分子，求兩者的百分比得到 69.6%。是否這項百分比可當為文章的效益指數？因為原文以 435 個字送出的資訊量，修改後的文章僅用 305 個字就可送出去；②或許，以 305 個字為分母，而以 435 為分子的百分比做為文章效益指數，較能把效益指數的意義說明得更直接、清楚；也就是說更改後的文章效益高於原來的 1.43 倍。

學生 C 的作業：

「今天老師告訴我們有關利用觀察法來辨別習慣的這項技巧，我們可以利用觀察他人在某一環境常產生的反應來了解一個人的習慣，例如：吃飯時他都什麼時候吃、跟誰吃、吃什麼；或是他與其他人在一起時，表現得是主動還是被動、話多還是話少等方式去分析他人。同樣的這個技巧也能應用在治療診斷上，透過和患者之間的對話可以發現他談到某一特定議題時可能會有特別的反應，或是可以從患者的晤談表現來理解這個人的行為模式，像是會不會準時到，談話時會不會顯得愁眉苦臉等等。此外，我們也可以利用建立量表的方式去測量一個人的習慣，因為從習慣的定義來說，只要具有良好信效度的測驗或量表都是在測量某種習慣。而在編製這類量表的時候題目裡面一定出現具體、說清楚內容的刺激，例如某人講話的特色內容、臉部表情、自己的身高、體重等等，寫得越清楚且具體越好，如此一來答題者在作答時更能做出明確的判斷。

今天題目是利用習慣評分表對三種睡眠習慣做討論，而我們這組在寫評分表的時候分數都是呈現遞增的現象，因為我們會傾向於目前的習慣寫分數，所以在『12 點睡 7 點起床』這個習慣上因為跟我們目前的作息最為接近，導致我們認為在這個時間的睡眠對我們本身帶來的好處會大於對我們的壞處，進而造成分數是最高的情況，而如果有機會的話，我們這組還是認為我們會想培養 12 點睡 7 點起床的習慣，因為這個時間點的作息比較好和其他人配合，像是在線上討論或是約吃早餐，甚至是一起晚自習，所以為了能和朋友有多一點相處的時間，我們還是傾向12 點睡而不是 8 點或是 10 點睡。」

對 C 同學的這一份家庭作業筆者做了如下一些修改：

「今天老師告訴我們利用觀察法來辨別習慣的技巧，亦即觀察他人在某一情境常做出的反應來了解那一個人的習慣。例如他都在什麼時候吃午餐、跟誰吃、吃什麼；或與他人在一起時，他的表現是主動還是被

動、話多還是少等。這樣的技巧也可應用在晤談治療與診斷上。治療者
透過和患者的談話，可以發現在談某一特定議題時他就會有什麼特別的
反應，或是可以從患者的晤談表現來了解他的行為模式，例如：他會不
會準時到、談話時會不會顯得愁眉苦臉等。此外，我們也可以利用量表
的方式測量一個人的習慣，因為從習慣的定義來說，只要具有良好信效
度的量表都可以用來測量某種習慣，因為編制這類量表時，每一題目一
定要有具體的刺激和反應；例如：某人講話時有什麼特別內容、臉部有
什麼表情等；題目寫得越清楚具體越好，如此做答時，做答者就能做出
明確的反應。

　　今天的分組討論題目是利用習慣評分表，對三種睡眠習慣做評估。
我們這一組在填評分表時，分數都呈現遞增的現象，因為我們都會根據
自己目前的習慣做評分。所以評分『12 點睡 7 點起床』這個習慣時，因
為它跟我們目前的作息最接近，所以我們都認為在這個時候上床對我們
的好處是大於壞處，因而這習慣的得分是最高的。討論的結果，是我們
這一組人都認為 12 點睡 7 點起床的習慣最好，因為若有這個習慣，則
能和其他人在線上作討論或約好一起吃早餐，一起晚自習。為了能和朋
友們有多一點相處的時間大家都認為 12 點睡較好，而不是在 8 點或 10
點睡。」

　　從筆者的觀點把 C 同學的作業也做了修改後發現：使用的總字數減
少了 51 個字，從 599 個減少到 548 個字；若以 599 除 548，則得到的百
分比數為 91%。若把 K 同學的百分比拿來和 C 同學的做比較，則可發
現 C 同學的百分比數（91%）顯然高於 K 同學的（69.6%）；易言之，
C 同學的寫作效益比 K 同學的高很多。

　　以上的寫作效益討論都根據一個假設，亦則筆者對寫作者的原文進
行修改時所使用的總字數是最標準的，而且是 100% 或百分比 % 的效益
指數。這項假設是很值得懷疑的，或許 100% 的效益指數最好經由如下
操作過程才能真正獲得；亦則至少具有一百名同學同一次上課內容的描

述性原文都由 10 位國文系教授（他們也都上了那一次課程）修改，以這 10 位教授修改後的總字數求出平均值與標準差，並以此平均值做為寫作效益標準值，以標準差為衡量個人寫作效益值，若一位學生的所得效益值（亦則標準差）越大，則其寫作效益越差，表示他文中含有很多不必要的字，或是使用了許多字才能把一件事情講清楚，甚至還沒有說明白；若得到的效益低到零的人，其寫作效率越高，高到和一般國文系教授一樣，不用許多字就能把一件事講得清清楚楚了。另一方面，若某人所得到的效益值愈偏向於大的負值，則表示該人因欠缺語文能力，把一件事還沒有講清楚說明白就不再說什麼了。

　　以本章 K 與 C 同學的例子來說，K 同學使用了不少「的」，「我認為」和「可以」的贅字和詞，C 同學則不像 K 同學那樣常用「我認為」和「可以」兩個詞。在 C 同學的作業中，不曾出現「我認為」的贅詞，但在 K 同學作業中卻是最常見的贅詞，這可能不只表示多餘，也表示 K 同學無意中流露的「自我膨脹」或「自我主張」。

第六章
如何量化寫作的眞與美

　　若要把寫作第一原則「眞」量化，似乎不太容易；主要理由是，寫作內容的「眞」或眞的原則較難界定，如果寫作的全部內容都與寫作者所思、所感有關，則寫出來的眞僞只能靠寫作人自己來判斷，而別人則無法置喙。若一定要由別人判斷，則只有靠內容前後是否矛盾，或內容是否斷斷續續連貫不清楚的兩個方法。但是內容的前後矛盾與不連貫，只會出現於未經修改過的初稿，若被修改過，這兩種現象就不見了。所以，就目前情況而言，寫作內容的「眞不眞」似乎不容易使用第四章的量化方式來表達；若以後發現有好方法時，我們再來討論它。

　　至於寫作內容是與外在的人、事、物有關，其眞僞則較容易判斷。例如某一學生所寫關於上週上課內容的作業報告，因還有其他學生的作業報告可用來做比較，所以不難判斷其眞僞。另外，由文豪徐志摩所寫的〈巴黎的鱗爪〉，其內容的眞假則可由到過巴黎市的許多人所寫的文章內容來判斷，雖然這是一項要費時費力的工作，但還是有路徑可行的。

　　至於量化作品內容的「美不美」，則並不困難，因爲文章寫得美不美的判斷，可用的途徑至少有如下幾種：①念起來要順暢；②讀起來是否生動；③文章每一句要有多少個字；④字間的聲音平仄要有規律；⑤使用了多少個形容詞；⑥使用多少個副詞；⑦使用多少個幽默詞；⑧使用多少個熟語之一，例如成語，慣用語，歇後語都有密切關係。所以，

先把一篇文章的每一句字數，字間的平仄關係，使用的形容詞、副詞、幽默與熟語字數分別計算出來，然後求出每一種粗分的標準分數後，再把這些標準分數的總分算出來，而以這項總分代表該篇文章的「美」原則分數就好了。

　　以上所舉八個「美不美」的指標中，第五（形容詞），第六（副詞）和第八（成語）是一般人也容易在文中注意到的三項指標字詞。筆者擬於下段，再舉三名選修過筆者「習慣心理學與其應用」課程的學生課後交來的家庭作業為例，以量化方式比較他們在「文章之美」的三項指標。

T 同學的家庭作業內容如下：

　　「本週的課程柯老師著重介紹了『習慣如何改變』的方法，這一定也是很多同學來選修這門課的主要目的之一。根據習慣的定義—刺激與反應之間的穩定關係，改變習慣，則也要從此入手。老師提到了改變已有的習慣，改變習慣間的反應，改變欠缺良好習慣的狀態等·很多個方向，總有一個方向和策略是適合我們自己，並且也較容易做到。在以上提到的改變習慣的方法中，改變已經有的習慣可能是比較困難的。讓其減弱，不常常出現，直到消失，從根本上控制刺激的發生，以改變現有的習慣。但是，我認為引發刺激的誘因一定有很多，並不能十分保證和自信能夠做到抑制刺激，可能還需要更多更大的動機來實現這種方法。」

　　為了計算 T 同學這篇文章的美不美，筆者僅抄出 T 同學這一份家庭作業的第一段與第二段，還有其他兩位同學的作業亦將如此呈現，主要理由有二：其一是為了減少本書篇幅，其二是試探是否以這方式就可以找出一篇文章美不美的代表性指數。

　　依前述，若僅算出文中所用的形容詞與副詞的總數，則發現 T 同學在兩段文中使用了 247 個字，其中一共有 18 個形容詞和副詞，兩個分數所占的百分比是 7.3％，亦則寫了 100 個字詞中，T 同學使用了 7.3 個

形容詞和副詞。7.3％這指數算是高或低，還要看其他同學所得的指數才能下結論。在下段我們就看看其他兩位同學所得的指數有多高。

L 同學的作業內容如下：

「這堂課老師說明了改變習慣的三大方向：改變已有習慣、改變欠缺良好習慣的狀態、改變習慣間的關係。第一個最好理解，就是改掉自身壞習慣及增強好習慣，但我覺得實際執行起來還是取決於個人是否下定決心及本身的意志力，像許多壞習慣雖然對生活或是自身有不好的影響，但它帶來的獎勵會讓人無法戒除，吸毒就是一個比較極端，但卻能說明上述文字的例子。而後兩者比較類似於綜觀的角度看待改變習慣這件事，像是第三點透過改變習慣間的關係，可以增加好習慣的連結而順帶的弱化壞習慣，進而達到改掉壞習慣的目的。除此之外，老師亦介紹了改變習慣的四個策略，前兩個分別是改變刺激及改變刺激與反應間的關係。而我覺得 *The Power Of habit* 提到的改變習慣的三個方法：找出triggers，保留原本的獎勵，加入一個新途徑與老師的理論是頗為類似的。因為一個習慣是好亦或是壞的都會產生一個獎勵，例如運動完會讓心情愉悅，身體放鬆（獎勵），因此養成了愛運動的好習慣。而加入一個新途徑無非就是改變原本刺激與反應的連結。」

L 同學的上述兩段文章一共有 394 個字，其中形容詞和副詞共有 35個，兩者的百分比率是 0.089，亦則 8.9％，表示寫了 100 個字，L 同學就會使用 8.9 個或將近 9 個形容詞與副詞。與前面所提到的 T 同學所得指數（7.8％）相比，高 1.6％。

C 同學的作業內容如下：

「今天談到了習慣心理學很重要的部分，那就是『習慣的改變』，改變有三種方向，分別是改變已有的習慣，改變欠缺良好習慣的狀態，改變習慣間的關係，而改變的策略有以下四點，改變刺激、改變刺激與

反應之間的關係、改變反應、改變與標的習慣有關的生活習慣或生活型態。把不好的習慣改掉或培養出好的習慣對我來說是很好的事情，因為我現在的生活中也還存在著不少壞習慣，所以如果可以趁這個機會學會如何改掉壞習慣，那便是我在這堂課最大的收穫。而從習慣的定義來看，雖然習慣是刺激和反應之間的穩定關係，但是這個刺激和反應之間仍然有些許的空間存在，讓我們可以在這個空間裡面有力量且自由的選擇我們要如何回應，雖然一瞬間的改變是不太可能，但是我們可以一點一滴不斷地做微小的改變，終有一天我們可以達到我們想做的目標。這週的討論題目我覺得挺有趣的。是要我們從大自然中選三個東西或是動物來表示自己的為人，我們這組有的人認為他像一頭牛一樣，個性務實、做事腳踏實地、任勞任怨，有個人認為他像火山一樣，平時看起來沒有什麼問題，但一旦累積到一定的能量後就會爆發出來，有的人認為他像大海一樣高深莫測，有的人認為他像天空一樣，變化多端，時好時壞，我覺得大家都在選擇適合代表自己的東西時，都能很準確地把自己的個性投射在這些東西上，而且透過這樣的思考也能使我們更加的瞭解自己的個性，讓我們可以知道自己的一些缺點或是優點。」

　　C 同學用 543 個字寫完了上述兩段，比 T 與 L 兩位同學用的字數多，其中的形容詞和副詞總數是 44 個，百分比是 8%，等於 100 個字中就有 8 個字是形容詞和副詞。這指數低於 L 同學的 8.9%，而高於 T 同學的 7.3%。如果我們有足夠時間把 100 位同學的每一份作業都用這種計分方法，則可用第四章所說的方法算出這這 100 位同學的指數均值與標準差，然後根據這均值和標準差來看出同學間的指數差異是否具有顯著性。

　　對於這三位同學的家庭作業進行了上述形容詞與副詞的使用次數計分與統計分析時，筆者逐漸觀察到這三位同學在作業中好像不太常用形容詞和副詞，雖然他們之間有指數上的差異。至於不太常使用形容詞和副詞的寫作方法，是否與寫作題目的種類有關，這是我們可想到的第一

個理由，因上課心得作業所要求的是比較理智性的眞不眞、正不正確的
細述和討論內容，不需要太多感性與情緒方面的表達，因爲隱約地有這
種著重於理性方面的需求，所以自然地屬於感性的形容詞和副詞就較少
出現於作業寫作中。如果這項推想是正確的，我們就可以在不同題目的
作品裡發現較多的形容詞與副詞。

　　爲了嘗試上述的推想具有幾分正確性，筆者在聯合報 D 版副刊
（2020 年 9 月 24 日）隨意找出一篇較屬於散文類的文章，題目是「自
強不息」。雖然題目還是屬於知性的，不過，還是以這一篇先試試看，
此文前段的內容如下：

> 　　兒子即將升上國中，朋友總好奇問我的安排如
> 何，住在山村裡，孩子的就學確實與城市裡的選擇
> 與思維不同。這裡就近有間小有名氣的私立國高
> 中，如果不要多想，把孩子送進去，至少未來的六
> 年以這心理安慰自己，一切學校會管理照料。但不
> 知怎麼地，心裡總是有種聲音在作怪，能不能有別
> 的選項，別種可能？我這個愛胡思亂想的媽，心念
> 一轉，『自學』這個曾被考慮的方案又出現，成爲
> 我與先生及兒子一起討論的課題。

　　對這篇文章進行與前面三例一樣的計分與統計分析後，筆者發現這
一份由一位媽媽級的女性投稿者（其教育背景很可能也是大學程度）的
文章前兩段的總字數是 170 個字，其中出現的形容詞和副詞總數是 27
個。所以，形容詞和副詞總數與總字數的百分比爲 15.8％，此百分比確
實遠高於前舉三例的任一位學生所得的。下面，筆者再舉兩例，繼續驗
證上述「題目與形容詞、副詞百分比高低關係」的假設。

第二例也是採自聯合報 D 版家庭副刊（2020 年 9 月 24 日），題目是「三十年後的畫面」，由一位媽媽級的職業婦女所寫。其文的前兩段內容如下：

> 週末翻出櫃子裡的家庭照片回味舊時光，一邊看照片，一邊詢問孩子記得哪些成長點滴。
>
> 身為忙碌的職業婦女，手忙腳亂中孩子也就這樣長大了，往事日漸模糊，還得靠孩子自己的印象驗證；好在有照片留戀，可以翻出來仔細回想，不然記憶中恐怕沒留下幾樣過往的青春象徵與孩子的成長歲月。

經過「形」「副」兩詞和兩段總字數計分發現分別有 31 個字和 132 個字。所以兩項數目的百分比例是 0.234，表示此文的作者在寫作時，寫了 100 個字就會使用 23.4 個形容詞和副詞，若將此百分比率與前舉任一作者所寫的相比較，都使用了更多形副兩詞修飾其作品。

下面舉的另一篇文章，也是從同一天的聯合報家庭副刊「青春名人堂欄」摘錄下來的，題目是「水溝裡的菩提樹」，作者是已婚的家庭主婦。此文前兩段的內容如下：

> 某天跟母親在家附近遛狗，母親拉著我說：「帶妳去看一個好神奇的東西！」領著我去附近水電行的門口，往門前的大樹上一指說：「妳去看看這棵從哪裡長出來的！」我定睛一看，竟然是一棵菩提樹，從柏油馬路旁的水溝裡竄出，又高又大十分挺拔。

　　　　一般路上的水溝裡長出些花啊草啊甚至樹木，
　　都不是稀奇的事，但水電行的這個水溝是完全沒有
　　空間餘裕的，水泥蓋板封得死死，有縫隙的地方目
　　測不到 0.5 公分寬，在這幾乎走投無路的環境裡，
　　竟然能竄出一顆大樹，儘管樹幹被水溝蓋壓得超
　　扁，也無礙想往上竄的意念。

　　經過與前述的相同的計算與統計分析，筆者發現兩段文章的總字
數是 207 個，形容詞和副詞的總字數是 45 個。所以兩者的百分比率是
0.217，也就是說這位作者每寫 100 個字，其中就會運用約 22 個形容詞
和副詞。因為在此所舉三例的指數都比選修習慣心理學的三名學生所得
的指數高，所以「寫作題目種類與所使用的形容詞和副詞總數有關」的
推論，獲得小規模實驗結果的支持。

　　除了題目種類與使用形容詞副詞之多寡有關係之外，還有哪一些變
項，例如：性別、年齡、性格以及文學訓練背景是否也影響？這是很值
得以數量化方式去研究的議題。

　　總言之，在本書這一章，筆者擬強調的是：從習慣心理學觀點，我
們似乎可嘗試尋找一條路途徑，可將較屬於培養學習者性情的主觀文
學，帶進較客觀具體可量化的習慣心理學領域裡，讓學習者可循著這條
途徑耐心地一步一步依序學習，就能以自修方式無師自通，雖然仍無法
成為一名寫作大師，至少也可成為寫作百分等級的及格者。

第七章
「讀其文如見其人」是眞的嗎？是誰說的？

　　不知從哪裡聽來的？我的腦海裡常常浮上這一句話。也許，寫完這本書第四章關於杜甫與李白的寫詩風格之截然不同後，才開始的也說不定。因爲常常浮上腦子裡，不但晚上入睡前會來擾亂我的思緒；也影響我每天閱讀聯合報名人堂專欄時，會更加注意某些寫作人的撰文風格。久而久之，也發現幾乎眞有其事。所以，筆者就想在這一章把這件事做一次追根究柢的徹底探討工作，一方面解決它常來擾亂我的思路與睡眠的問題，另一方面也可了解某些人之所以有其寫作風格之由來。

　　首先我注意到 L 先生所寫的作品。因爲他的寫作風格很特別，容易引發筆者的注意與興趣。本來我已經蒐集了他發表在聯合報「名人堂」的文章十多篇，但最近一次我在整理臺大心理學系研究室做清理時，把2022 年 4 月 28 日以前他寫的好幾篇文章，鐵了心似地統統丟進了回收用大紙箱裡。現在手中僅剩下 2022 年 4 月 28 日以後到 2022 年 11 月 2日的八篇文章。以下，筆者就根據這八篇的內容慢慢地來說明 L 先生的特殊寫作風格。

　　第一篇的題目是「以怒興師，人我浩劫」；它有兩句，每句四個字，其內容顯然容易引發讀者關於一場戰爭的聯想，而這場戰爭可能導致「害人害己」的後果，其因是由發動戰爭者的莫名發怒而開始，沒有更正當的理由。這篇文章的開始，作者一口氣就把四句極爲殘忍可怕

的動詞句，不加任何說明地寫在一起，而在第二段才說明原因是發動戰爭者被引起的意象，但又不說「誰」引起的意象。在文章的第三段，L先生就又突然地寫道：「以前的八位領袖中的3.5位赫魯雪夫、XXX、XXX、戈巴契夫……應悲嘆不已。」在第四段，L先生又舉一位烏克蘭大文學家Gogol與另一位大作曲家Prokofiev，而沒有附加說明，又突然地提到2,500年前，中國孫武已警告國家領袖：勿因憤怒發動戰爭，而一旦開打，必速戰速決……情勢不利就要停戰。主動打持久戰從來未有利於國家。在第五段又未加任何說明，突然把下一段話寫出來：「主不可以怒而興師……不合於利而上止。」「兵聞拙速，未睹巧之久也。」

我們可以說，L先生的文章風格的第一個特點，是先把可能有關的古今中外事實列舉在一起，雖然不加任何說明但又好像是在暗示讀者說；這些列在一起的事實之間有什麼關聯，就由讀者各自去猜吧！

L先生文章的另一特點，是把主角某些發生在不同時空情境的行為表現依時序寫下來。然後在每一情境最前面，打下一個大黑點亦即「●」來代替「第一次發生在……第二次發生在……第三次……」等時序詞；例如，在同一文的第九段，L先生先寫道：「流行印象裡的普丁是陰沉、算計、冷血，因為出身蘇聯特務格別烏任職上校。」紐約時報國際版3月28日下了個標題：「憤怒淹沒了普丁理性形象」，而在第十段他就簡單地以13個字寫了一段自問的話說：「但是如此無情的人如何動怒？」自問之後，在第十一段，L先生不厭其煩地說：「其實，普丁攻烏克蘭的錯誤決定，並非源於冷血，而來自豐富卻失控的情感。」L先生為了證實他對普丁有這種看法之正確性，在「且看」二字後，就詳列如下六次普丁因感動流淚的場面：

- 2000年2月24日普丁授業恩師及事業恩人A.Sobcheck的葬禮上，普丁落淚。
- 2012年3月5日在寒夜群眾聚集的廣場燈光照射下當時總統Mevediev宣布普丁再度當總統。普丁靦腆看地、落淚。

- 2013 年 11 月 10 日全國警察日慶典上，樂隊伴奏唱歌〈你知道，我真想活下去〉，螢幕上演為國捐軀的警察和哭泣妻小在車站告別鏡頭，普丁落淚。
- 2014 年 9 月 3 日普丁訪問蒙古共和國，機場歡迎的樂隊奏起俄羅斯國歌，普丁流淚。
- 2020 年 10 月 7 日普丁生日慶典，流淚。
- 2021 年 9 月 10 日普丁舊時保鏢後升官為緊急事務部長，因救人墜岩身亡，普丁伏棺失聲。

除了這六次場面的流淚事件以外，L 先生也舉出其他兩例；其一是普丁為了其「人生導師」以及他的「大學恩師」所做的忠誠有情有義的行為，以證明他對普丁的了解遠比其他人所了解的更正確。在做這種比較時，L 先生都盡量用最少的字詞傳達最多資訊的高效益寫作方法。由此隱約地可看到，L 先生是很重視「效益」原則的作者。此外從 L 先生的文章寫作習慣，我們也可清楚看到，他很重視「真的原則」：為了表示普丁之顯得冷血模樣並非真的源自於冷血，而來自情緒豐富卻失控之故，L 先生一再地蒐集很多不同來源的相關資料，以表示他所說的是有憑有據的事實。至於「文章的美之原則」或形容詞與副詞使用百分比，雖然筆者沒有逐一計算，但看來是比較低的，但不至於完全沒有。

在 2022 年 5 月 10 日，在聯合報的名人堂專欄，又見到 L 先生的文章，以「戰狼調降，將成氣候」為題，又是兩句，每句四個字的題目。一看題目，筆者就立刻聯想到全文大概又與戰爭有關，而且很可能與國際間的戰爭有關，也聯想到 L 先生很可能是很關心國際戰爭的人，而其身分可能是軍人或從事軍職的人。

現在讓我們來看看，L 先生以怎樣方式撰寫這篇文章。在第一段，他就寫道：「3 月 25 日，習近平致電新當選的南韓總統尹錫悅。」這段話並沒有說是第幾年的 3 月 25 日，也沒有說習近平的官位是什麼，好像這兩項資料，讀者都應該知道，不用寫，寫了就是多餘的；似乎 L 先

生是如此想。

　　在此文第二段，L 先生寫道：「不尋常的是，習打破中國國家領導人不與他國候任總統通話的規定（亞洲周刊 4 月 4 日第 27 頁如此地寫）。」在這一段話，他只寫「習」而沒有寫「習近平」三個字，又當做讀者知道「習」就是「習近平」，所以三個字都寫這多餘的。可以說這就是 L 先生的撰文另一項風格，所暗示的是文中的字若可以省就盡量地省；這一項風格，我們在 2022 年 4 月 28 日那一篇文章已經確認過了。

　　L 先生撰文風格的少用形容詞與副詞的第二特點也見於這一篇文章；但若使用形副這兩詞時，計算其內容則負向的遠多於正向的。在 2022 年 4 月 28 日最清楚的第四特點，亦即在每一例子前面用一個大黑點代替「第一、第二，第三⋯⋯」的撰寫方法，在 5 月 10 日的一文就不再出現，不知為什麼。而為了表示他所說的全部是事實，把相關事實都排列出來就可以的寫作風格，在這篇文章也很清楚地顯示無遺。不在前文出現的另一特點，亦即對於自己所做判斷絕對有信心一事，在此文最後以極簡單，有三句話可清楚地看出來「戰狼調降，勢在必行，應不例外」。

　　2022 年 7 月 14 日，又有 L 先生的文章刊登在聯合報的名人堂欄。題目又是「俄烏戰況，漸分上下」的兩句話，每句由四個字組成；內容第一段前一部分與普丁心情由緊張易怒，心緒不定，轉為神情較為輕鬆、耐心、自信有關的，是 6 月 30 日紐約時報報導和後一部分的普丁心情好轉的來龍去脈探討。此探討以 2 月 24 日開始（請讀者記得這是 2022 年的 4 月；L 先生依其撰文風格是不寫幾年，因為他認為這是讀者所知的，能不寫則不要寫）。在 2 月 24 日俄羅斯攻打烏克蘭後，諸事不順。L 先生又列舉二月至五月發生的各種不利與不順的事情，共 15 項之多。這些不順與不利事項之故，普丁的心情與身體也惡化到在 5 月 9 日不得不進入開刀房接受手術治療；不是古人所說的「禍福相依」，而是「禍不單行」。

　　由 5 月中旬後，情勢開始有了易經所言的「禍福相依」或「否極泰來」的轉變。爲了佐證這些正向轉變眞的發生，L 先生又依其寫作風格詳細列舉自 5 月底至 6 月底對普丁有利事件發生字數，多至 25 項。跟以前不同的是，這次所列的事件雖然大體上是按照發生的順序舉出，但有幾次卻不是這樣的。

　　至於詳細列舉有關事件之後，請讀者自己去做解讀的寫作風格，這次卻不一樣而簡單地寫出他自己的解釋。

　　在 2022 年 8 月 23 日，L 先生的文章又出現於聯合報 A 版名人堂欄上，題目又與軍事、戰爭、政治有關，顯示 L 先生對於這方面確實具有濃厚興趣，而且很可能是從事這方面工作的人士。

　　這次的文章以「懾戰：共軍導彈威懾」爲題，而以臺灣爲討論空間，以美國、臺灣、中共政治人物間互動關係爲主要內容，文章以簡單不注明年代，只提月日的一段話開始。此次所提的主要人物是美國眾議院的議長裴洛西女士，文章以她 8 月 2 日訪臺，次日離去的兩句簡潔、扼要，不加修辭詞的話開始。

　　然後，有三段話，又依事件發生的順序，寫出北京和中共軍方對於裴洛西議長訪台所做的反應如下：① 8 月 3 日傍晚，北京宣布將在四日（沒註明幾月的）至七日進行重要實彈演習……。② 8 月 4 日……。③至 8 月 7 日爲止，在海峽活動的共機達 120 多架次，向臺灣北、東、南方海域發射十一枚東風導彈……其中五枚落入日本專屬經濟區，其中四枚在下午三時多飛越臺灣上空。④文中也提到美國前外交官和民主防衛基金會學者 Craig Singlton 在 8 月 16 日 Foreign Policy 專文報導此事。⑤ L 先生提到「觀察家多認爲這次大規模演練都是共軍攻台預習，美國軍事專家深信近年台海將爆發戰爭。」但對這些美軍專家的「深信」，L 先生並不贊成，因而舉出早在十九年前已出現在趙錫君主編的《懾戰：導彈威懾縱橫談》（北京，國防大學出版社，2003 年 8 月第一版）第 192 頁爲依據。在此又見到 L 先生極重視文章內容之第一寫作原則

「眞」，並一定列出各項有關證據。之故，對《懾戰》這一本書的作者
趙錫君是何等人也做了一番極其詳盡的介紹。此外，L 先生進一步說明
他之所以不贊成近年臺海將爆發戰爭的說法，又更詳細地說明趙錫君對
「懾戰」所做的定義。L 先生寫道：「實施威懾打擊時應把握關鍵環節，
唯有如此，才能確保精準打擊，防止誤傷……科學選擇發射時機……與
國際外交鬥爭和統一……對敵目標勿造成任何實質性破壞……選擇高精
準度導彈，防止直接擊中敵空母艦……給敵授之以柄，造成後續威懾的
被動……威懾方必須……見好就收。」接著 L 先生又提到趙錫君在《懾
戰》首頁所寫的標題：「不戰而屈人之兵」是威懾戰略的理論根據和核
心思想。

　　提出前舉三件發生的事實與對這些事實多數觀察家所做的預測，L
先生表示不認同，而提出他之所以不認同的理由，是根據共軍第二副司
令趙錫君所著的《懾戰》而來。由以上所述，我們一再地看出 L 先生的
爲文風格是以「眞」和「速」兩原則爲主，以「善」的原則爲副，而不
重視「美」的原則。在《懾戰》一文的最後一段，L 先生對以上所寫做
了結論，而寫道：「綜合以上觀察，呈上淺見」，並列舉五點理由。

　　有趣的是，這次他又在寫每一條理由之前，以一個大的黑色點代替
第一……第二……，方式如下：十九年後的今日，共軍飛彈威懾規劃劇
本更細密，武器更精準，演練更成熟。裴洛西訪臺給北京提供藉口或
「科學選擇發射時機」以實施準備已久的方案。共軍反應強，但不會擦
搶走火。北京「見好就收」，謀求與美協商，臺灣將免於戰亂。

　　以上筆者詳細分析 L 先生的四篇文章之後，更知道他對於全球軍
事、戰爭以及相關國家高級政府人員之個性以及軍事動態，不但關心
也經常詳細加以研究分析與做結論；也看到他有其特有的，以「眞」、
「速」兩原則爲主，以「善」爲副，而不太重視「美」原則的寫作風格。

　　在本文某一段，筆者由 L 先生的爲文風格試猜過他很可能是從事戰
爭工作的人士。筆者的此項猜測究竟準不準呢？因聯合報「名人堂」欄

通常在文尾會介紹該文作者的工作背景資料，而 L 先生的工作背景資料指出：他是前華府喬治城大學外交學院講座教授，曾任國防部副部長，出版《框外天地》一冊與《以智取勝》一冊；果然，如本書文章題目所示，筆者根據 L 先生的四篇文章做的猜測並不算太離譜。

現在讓我們看另一位作者，是否也有其特殊撰文風格。我們將此作者以 Y 先生稱呼，Y 先生和 L 先生一樣在某一特別時段，每隔一個月就投一篇文章在聯合報名人堂專欄。他的許多篇文章也和 L 先生的不少篇文章一樣，在筆者整理研究室時清除掉，目前筆者手上只有 2022 年 5 月 3 日以後的 9 篇。筆者就以 5 月 3 日、5 月 14 日、5 月 28 日、8 月 4 日的 4 篇文章爲對象進行內容分析，繼讀驗證「讀其文如見其人的說法」是正確的。5 月 3 日的文章以「無知，無能，傲慢」充滿煙硝味的六個字爲題。雖然不知是對誰而發，但不難知道 Y 先生是用極負向的字眼在批評某個人。

在文章第一段，Y 先生就直接寫道：「疫情開始就擔任防疫總指揮官的陳時中，口口聲聲超前部署，時至今日，不妨檢視看看他部署了些什麼？」從這段話，讀者可立刻看出，此文作者是一位口不擇言，有話就說，很直爽，而且很關心這次肆虐全球的新冠疫情，也很看不慣總指揮官的局外人。

在文章第二、三、四、五、六段，作者則詳細列出陳時中如何地不照顧人民，只會折騰民眾，剝削人民，大耍官威，該做的事都做得慢了好幾拍的事實。在文中第七段，Y 先生就提問：「爲什麼臺灣會產生像陳時中這種衛福部部長？」然後自答地說：「那是因爲有不像樣的總統。」接著，Y 先生就把批評的炮口轉準到政府的領導人，而不指名道姓，只用代名詞「她」，開始描述這位「她」過去不斷地說要「謙卑、謙卑、再謙卑！」實際上，現在卻是「傲慢、傲慢、再傲慢！」

在此文最後二段，算是作者對上述臺灣政府的不明顯但善意的警告。倒數第二段作者如下寫道：「就算有公平的選舉，也不代表是眞正

的民主國家，近鄰韓國就是最好的例子。多少的民主國家政府腐敗無能，民不聊生。古今中外……人民都有革命的權利。」這段算是 Y 先生對目前臺灣政府提出的第一項好意的警告。

最後一段，是此文作者提出的第二項警告；作者 Y 先生寫道：「歷史不是由當代執政者指定的奉承拍馬屁者所撰寫。未來歷史上一定會記載，這個政府是臺灣有史以來最無知、無能、傲慢的政府。」原來，無知、無能、傲慢三個負向形容詞，是 Y 先生用以批評一些官員，尤其是陳時中總指揮官和當前的臺灣政府。

由以上的全文分析，大部分讀者或許已看清楚，Y 先生的撰文風格兼顧真、善、美、速四原則，而為了表示「真」，他用的詞句都很直接了當，不繞圈子，也不使用影射式字眼。

為了驗證 Y 先生的撰文風格真是如此，筆者認為仍需再分析他的另兩篇文章。

5 月 14 日的一文以「以疫謀財，以疫謀權，霸凌全民」為題。此題名顯然又與當今政府處理疫情的方式有關，而又以極負向的言詞批評政府的不對。根據這一點而言，作者顯然是公共衛生界出身，曾擔任防疫政策負責人，而現在已退休的人士。

在此文的第一、二、三段，Y 先生自問自答地寫下 Omicron 以及其他類似流感的傳染病會不會導致死亡的問題。Y 先生以自信滿滿的自答方式寫道：「當然會。」至於傷風感冒就不要疫調、追蹤足跡、快篩，PCR 的問題，Y 先生就回答說，戴口罩，保持距離，勤洗手就可以了。Y 先生的意思就是，疫調、追蹤足跡、快篩、PCR 這些就根本不需要做的事，而症狀嚴重時，則要到診所就醫，若診所醫師認為病情確實嚴重，才需要轉至醫院治療。

在此文第四段，Y 先生又以猛烈的筆鋒寫道：「Omicron 出處多源傳染力強大，所以要清零是不可能的，疫調、足跡追蹤、防疫所、防疫旅館都沒有什麼作用，而疫情指揮中心的人與這個無良政府因完全沒有

基本防疫常識，所以朝令夕改，把醫事人員、衛生局所，地方政府的縣市長、區鄉公所之首長、鄰里長搞得一頭霧水，結果死亡人數比背景值的 650 人增加了不少；而臺灣原本已有的緊急醫療網，目前卻因政府的胡亂作爲完全被破壞，導致一名 2 歲兒童和一名 16 歲少女原來可救回的可貴生命，卻因各種行政官僚而成爲人球，而不能得救。」這是大家從電視報導看到假不了的眞正事實。

在第五段，Y 先生就善意地提出他的「爲今（2022 年 5 月 14 日）之道」共五點；第一，恢復正常生活，取消一切管制，並以症狀爲主；第二，今日口罩，除了「外科口罩」及「N95」由食藥署認證外的，其他已成商品，既價廉又隨處可買到的都可以用。第三，快篩劑也該如此，只要是十大工業國政府認可的，均應自由進口買賣。第四，如同口罩，實名制就是虐民的規定……。第五，Omicron 的死亡率是 10 萬分之 1.5，若死亡數與背景值差不多，防疫就應集中全力救治那些不到百分之 0.5 的中重症者。

在文末，Y 先生就對政府「利己慮民」政策算總帳似地寫道：「從口罩之亂，天價高端疫苗，到百億元買快篩劑，又要民眾以百元購買，眞的是『以疫謀財』以供養 1450；選舉經費；官員口袋。然後，控制全民行動，違者重罰，『以疫謀權』。」Y 先生說的這一段話是事實，是眞的嗎？筆者認爲「天價高端疫苗」這項指責很可能是一針見血，其他的就可能一半正確，一半爲了防疫乃有其必要。

2022 年 5 月 28 日，Y 先生投了另一文於名人堂專欄；這篇文章很意外地以「爲什麼革命難成？」爲題，看起來與前面分析過的兩文章完全無關，但還有強烈的煙硝味。讓我們帶著好奇的眼光來分析看看，爲什麼 Y 先生突然要談政治與軍事的議題。

此文一開始就提出「人民爲什麼反叛，或者直白地說，爲什麼會革命？」然後，Y 先生就說，這議題是 1970 年社會心理學大師格爾出版的巨著《爲什麼叛變？》所探討的。Y 先生繼續寫道：「該書的主要

論點講白了就是『人比人氣死人』。而這裡所指的第一個人是『螢光之下苦讀的滿腹經綸之士，卻頭無片瓦，溫飽無望，更不能娶妻生子的人』；所指的第二個人是『一無本事，只會奉承拍馬屁之輩，卻能享高官厚祿之人』；而當前者把自己和後者相比時，心中就必然生起憤恨不平之氣，然後認為這是『制度問題』，錯在社會（外責），就會產生高度的相對剝奪感。」Y先生繼續地引用格爾的話寫道：「如果社會普遍認為相對剝奪是……社會外部所導致，便常引發革命。」

　　Y先生接著舉了中國歷史上的五個例子，包括陳勝、吳廣、黃巢、洪秀全造反，以及人人皆知的孫中山革命事蹟，也舉出法國大革命，推翻俄國沙皇，以及近年的茉莉花革命，以證明格爾論點之正確性。

　　然而，有時，為什麼格爾的論點卻好像是錯了，明明一個社會普遍認為相對剝奪感是社會制度所導致，但人民卻不反叛，也沒有爆發革命呢？Y先生就這一點提出他自己如下看法：「然而可惡的獨裁者，卻常利用民眾的相對剝奪感，轉移為『至高無上的自我』；例如，第一次大戰中慘敗的德國，被〈凡爾賽條約〉壓得抬不起頭，給了希特勒可趁之機，以戈培爾為宣傳部長，洗腦所有民眾為希特勒而犧牲。在第二次世界大戰，日本侵華事件引發，美國對日禁運多項戰略物資，又加上全球經濟衰退，使得日本國內經濟每況愈下，人民生活苦不堪言，日本軍閥就將這種不滿轉化為對美國人的憤怒，讓東京帝國大學最優秀的年輕人，駕駛零式戰鬥機奮不顧身衝向美國軍艦。此外還有蓋達（基地組織）恐怖分子在911中與機共亡以榮耀塔利班（神學士），以及毛澤東的大躍進導致1,500萬到5,500萬人的死亡，還不是有億萬人跟著喊『毛主席萬歲』。」

　　Y先生以這篇文章想告訴讀者說：臺灣的蔡政府也以類似希特勒、日本軍閥、蓋達基地組織和毛主席的手法，把民眾的相對剝奪感，以空前無敵的凡事「雙標的認知作戰法」，要是民營機構說錯一句話就要立刻停業關門，親己機構發出的假消息就一切沒事，而負責人則照做他的

官，照領他的錢；也以美食，座名車的方式圈養一群名嘴、綠委與 1450 的網軍，而這一群人則伺機對任何膽敢透露不滿的人立刻發動攻擊。以如此「搞法」的蔡政府，把民眾操弄得幾乎個個像「賴清德」一樣地俯首稱臣。

在文末一段，Y 先生就從他鉅細靡遺地蒐集蔡英文所做的所有謊言錦囊中，拿出一例寫道：「2012 年整個民進黨員在蔡英文帶領下，義憤填膺反萊牛，到今日自己看了（自己所做的該相反事），竟然可以臉不紅氣不喘，別人都替她感到不好意思。」以這一件事為例，Y 先生則寫道：「雖然歷史不是當朝的人寫的，但榮華富貴已經享盡，就算如前副總統呂秀蓮說的閻羅王會算帳，又能奈我何？」在此文最後三句話，Y 先生做了很悲觀的結論：「這種情況下，臺灣人民要覺醒，推翻獨裁的蔡政府，真可說是難上加難了。」

以上，我們仔細分析 Y 先生的撰寫風格。不知讀者有何感受與發現？但就筆者的觀點而言，Y 先生的個性中之一部分是心中有什麼不滿就把它全部直接地說得清清楚楚，不要怕什麼，不要因為她是可怕危險的政治人物；也可以說 Y 先生有直言不諱的寫作風格。就這一點而言，Y 先生的風格與前面分析過的 L 先生——較不直接，把相關事實列舉之後，不做結論，而最後的結論就由讀者自己做的寫作風格，是顯然不相同的。但從撰寫一篇良好文章的好習慣四大原則來看，他把第一個原則遵守得相當好。

至於第二個原則的「善」，筆者認為 Y 先生在其文中表示其善意是十足的，但其善行則似乎有一點不足。因為 Y 先生使用由二字形成的動名詞，「革命」。因為革命動輒就耗損龐大的社會資源，犧牲人民性命與家產，使家人離散，民不聊生一段長時間；所以那是萬萬不可隨便發動的。以臺灣目前的政治體制下，人民還擁有選舉投票權，所以若果我是 Y 先生，我的第一個建議是把你手中握有的神聖一票投給在野黨，而不把它投給實在可惡極的執政黨就好了。

　　撰文第三原則的「美」，筆者認為 Y 先生的三篇文章都使用得算不少了，但是文題的關係，所用的形副詞都只偏於負向的，諸如「人比人氣死人」、「螢光之下苦讀的」、「卻頭無片瓦」、「溫飽無望」、「更不能娶妻生子」、「心中必然忿忿不平」、「可惡的獨裁者」、「慘敗」等等，都是觸動讀者敵愾同仇的字眼。

　　而撰文第四原則的「速」，若與 L 先生的撰文風格相比，Y 先生的就遜色不少。就這一點而言，L 先生是能省字就盡量省，而 Y 先生的是能說的就盡量說，說到自己滿意為止，多用幾個字又何妨？其實，筆者也覺得把 Y 先生的文章讀完以後，他並沒有多說幾個無用的字句，而覺得字字都有妙用。

　　看了 L 和 Y 兩位先生撰文風格之不同處，筆者認為讀者一定也贊同「讀其文如見其人」的說法是有根據的。為了追證這說法，筆者再舉對另一人的文章分析內容。這位先生我們以 S 先生來稱呼。S 先生也常在聯合報名人堂投稿，筆者手中也有不少篇他的文章；筆者將其中三篇，以如上方式加以分析。

　　這三篇分別於 2022 年 4 月 26 日、6 月 15 日、10 月 5 日刊登在名人堂欄。時間和 L 和 Y 兩位先生的投稿日期很相近。有趣的是，這三位先生對於該時段發生的許多社會事件有不同的興趣；L 先生對於全球軍事或戰爭很感興趣，Y 先生則對國內的疫情、衛生以及政府對疫情處理方式有興趣；而這位 S 先生的興趣卻集中在國內教育部對醫學教育制度問題。可說是各取所好的選材撰文方式。

　　S 先生的第一篇文章題目是：「以新思維放寬醫學系招生名額」，是一項以 13 個字合成的長頸鹿式的題目。與 L 先生的第一篇題目的「以怒興師、人我浩劫」，第二篇的「戰狼調降，將成氣候」，第三篇的「俄烏戰況，漸分上下」的二句八個字相比，都長得多；而要是把 Y 先生的第一篇題目「無知、無能、傲慢」和 S 先生的這篇題目相比，簡直像是把無尾熊和長頸鹿排在一起照相。由此可見，S 先生是根本不重視撰文

第四原則「速」的人。

　　此文的第一段一口氣就以「由於國內大學醫學每年的總招生名額涉及醫師總量管制，每年上限西醫學生約 1,300 人，中醫系學生約 365 人。」50 個字寫在一起，而不考慮這種寫法唸起來好不好讀，或是否有別的更簡單更好讀的寫法。例如把它改成：「由於醫師總量管制，國內大學醫學系每年上限西醫學生招生名額約 1,300 人，中醫系學生約 365 人。」如此改寫，雖然字數少了很多，更好讀，意識更清楚。

　　第一段的後半部，這位作者說明過去這種招生名額限制的必要性，但也指出爲了未來情勢的發展，這種限制現在必須立刻改變；作者把這項必要性，以當今社會的流行語「超前部署」來命名。從這一部分，讀者可看出來，作者是一位對於世局的新變化很關心，而且時時刻刻在思考如何應對新變化，同時也會提出建議的人物。

　　在第二段，S 先生，就對臺灣社會將來會發生的新變化，提出他特殊的分析內容。第一，步入高齡化社會後，對於醫療健康服務的需求將會愈來愈大，對醫師人力需求也會大幅攀升；第二，主管醫療的衛生福利部，沒有將醫療服務定爲產業，也不能公司化；第三，因此面對未來的需求，思維應該有所改變；第四，讓臺灣的醫療服務朝向產業化及國際化發展；第五，建立新的能力。從這一段的剖析與建議，思考敏銳的讀者大概已經嗅出 S 先生是「產業」領域的先驅者，也是開拓者，而有別於普通的醫術或醫學工作者。

　　在第三段，S 先生就對於自己在第二段所做的分析與提出的建議，從相反立足點提問說，朝向國際化發展可能會擠壓國人就醫的權益，影響國人就醫的醫療品質，因此不支持臺灣醫療服務朝國際化發展。S 先生的這一段也寫得「落落長」，可改爲短一點；因爲這是 S 先生的撰文風格，就不必再討論了。然而，這一點顯示 S 先生的思考方式有「自說自問」的習慣，而不是「我說了就算，不管你支持不支持」。

　　在第四段，S 先生對自己提出的疑問提出如下「自答」式解釋地寫

道：「其實我的看法不同，我認為臺灣醫療服務若能朝產業化及國際化發展，未來十分具有潛力，尤其國際市場比臺灣大百倍以上，將能創造更高的附加價值，同時可以透過以『外銷補貼內銷』的策略（意指透過服務國際市場的收入來補貼國內市場），讓國內獲得更好的醫療照顧，並不會疏忽國內就醫需求。」此文這一段可視為撰文者第一原則「善」的表現，因為醫療服務的國際化後，若國人罹患某種疾病，但國內尚無該病的專科醫師，若剛好有位國外來的該病專業醫師在開診，則病人可以不必消耗龐大旅費跑到國外接受治療；這是很利民的事。

　　醫療服務國際化有這種好處，但目前臺灣醫師員額不足的問題就要立刻設法解決，所以本文第一段提到的醫學系招生名額管制的策略則必須放寬。讀了本文以上幾段討論，筆者不難知道此文作者不僅關心醫學教育，也更關心醫療服務產業化與國際化，或不僅關心醫療服務產業，也關心其他服務類產業化的人士。

　　果不其然，在第六段，S先生就改變話題，談到臺灣半導體產業發展的需求。他說這項產業曾也發生人才不足的問題，而為了它，立法院特別通過《國家重點領域產學合作及人才培育創新條例》，包括陽明、交大、清大、臺大、成大等頂尖大學設立「創新學院」，投入培育半導體人才。

　　在本文第七段，S先生又把討論的焦點轉移到視野更廣的臺灣與全球產業互動關係，而繼續地寫道：「人才不足會影響未來的發展，也讓臺灣在國際上能發揮的影響力受到限制，尤其未來臺灣醫療服務如果能夠朝產業化及國際化發展，日後將和臺灣的 ICT 產業一樣，將能夠對國際做出更大的貢獻。」從 S 先生在這段所寫的內容，讀者一定很清楚地看出，S先生並非說說就算了，而是會提出積極貢獻的人。這一點，從他在第八段所寫的來看，就更能了解。

　　在第八段，他就進一步寫道：「所以我十多年來不斷呼籲，為臺灣產業競爭力考量，政府相關部會除了扮演維持秩序健全的角色外，應更

積極地以產業發展做為政策的重點，包括財政部、金管會、教育部、衛福部、交通部、NCC 等部會在『管制』的思維之外，同時要兼顧『產業發展』的思維，讓臺灣的潛力能夠有效的發揮。」

第八段的內容顯示。S 先生是一位不僅關心國家當今的狀況，更關心國家將來的發展方向，以及在全球產業市場上的競爭力與貢獻力，亦則全方位的關心並致力於推動自己所倡導的領導型人物。猶如他使用於描述過去他所做的幾句話，我們也可讀到，也能想像到這一點。

「我十多年來我不斷呼籲……更應（該）……」這是 S 先生的為人風格，文中他常使用「我」、「認為」、「應該」、「以為」幾個字眼的人，筆者總免不了會聯想到，他是有自信心且命令式、權威型的人物。

總之，仔細分析 S 先生的 2022 年 6 月 15 日刊登在名人堂的一文，我們就不難想像到，S 先生在產業界是一位呼風喚雨的領導型人物，是具有信心，敢言敢做的人。為文時，他重視「真」與「善」的兩原則，而較忽視「美」與「效」兩原則。現在讓我們來看看，S 先生究竟是有何背景資料的人物；文末的背景資料，介紹 S 先生是宏碁集團創辦人、智榮基金會董事長。

筆者本來想再分析 S 先生的另兩篇文章，才合乎習慣定義的確定標準，但僅由 S 先生這一文的分析，我們已經相當準確地猜測到 S 先生的背景資料，所以考量第七章在本書所占篇幅不要過多，S 先生的文章分析就到這裡為止。

在下面，我們就分析另一篇，看看是否也僅重視撰文的「真」、「善」兩原則，而又不重視「美」與「效」兩原則。

這一文，也是刊登在「名人堂」專欄上的，它的作者，我們簡稱為 W 先生，時間是 2022 年 11 月 11 日，它以「可以走了啦！」為題。看了題目，有的讀者可能覺得莫名其妙，或有其他不同的聯想。文章一開始，W 先生就寫道：「年紀越大，會變得越冷漠，還是越濫情？」這是作者自問，或是作者在問讀者？W 先生好像要讀者帶著一團疑雲讀他這

篇文章。文章一開始，他寫出簡單的疑問句構成的一段話；第一句有四個字，第二句有六個字，第三句有五個字和一個「？」由這三個句子，我們只能猜到作者大概是位社會、文化、心理學方面的人士。第二段，W 先生就寫道：「帶孩子出去玩，出門前他不乖，我唸了他。車在紅燈前停下，太太看到孩子表情落寞，便安慰他：『其實你很乖，只是今天心情不好。』看到這裡，讀者則進一步了解到，W 先生已經結婚成家，而且是有一個兒子的成年人；他擁有一部由自己駕駛的車子，他的太太似乎是一位賢妻良母，說話有分寸。第二段的後半部，W 先生接著太太安慰孩子的話說：「我立刻呼應，從駕駛座轉過頭，剖心挖肺地說，對啊！爸爸每晚陪你睡覺，摸你的頭，大手牽你的小手，都可以感覺到你的善良！」從這一段的描述，讀者大概可以感受到 W 先生這一家人有密切的互動，夫妻相當關愛他們的這唯一孩子，而這個孩子的年齡大概是可以上幼稚園的 3 到 4 歲左右。

在第三段 W 先生簡單地寫：「孩子打斷我，淡淡地指著前方綠燈說：可以走了！」在第四段，W 先生更簡短地接道：「孩子比我酷。」

從本文第一段到第四段，筆者一再清楚地看到 W 先生以簡明為主的撰文風格，每句話都很短，用字都很少，但一讀就知道其意，不會誤解；例如在第三段，他寫道：「孩子打斷我」五個字，不會被誤解為「打斷我的腿」，而只會想到「打斷我的話。」

W 先生不知何故把第五段話寫得很長，然而每一句還是短短的：「年紀愈大，通常越少表達感情。因為對人，看多了真假，所以見怪不怪。而對事，看多了興衰，也能完全買單。壞事情發生，當然還是會狼狽，但可以很快回神，該做什麼做什麼，不能做什麼就吞下。心情還是會起伏，但比較像是『潮汐』，不是『浪濤』。看待人事的位置是『天橋』，不是『匝道』。」第五段話，可算是對第一段話的回答。其主要的意思是，年紀愈大累積的經驗就愈多，經驗愈多，很多大小事情都不會超過經驗的範圍，所以以經習慣了，不會引起心中的浪濤，而都變成潮汐，湧上來了就自然會退去。

　　從此文的第一段到第五段，讀者也看到作者使用了很多形容詞和副詞，把文章潤飾的更生動又富有美感又好讀。這些形副詞共有如下幾詞：越冷漠、越濫情、不乖、表情落寞、安慰、很乖、心情不好、立刻、剖心挖肺、對呀！大手牽你小手、你的善良、淡淡地、酷、見怪不怪、興衰、狼狽、很快回神、潮汐、浪濤、天橋、匝道；而且有正向的，也有負向的修飾詞，其中也有很恰當的比喻詞。

　　W 先生的撰文風格，身為讀者的你喜歡嗎？他的撰文風格似乎隱含著他是文學家，而他所撰的內容暗示著他是對於個人性格有興趣的人。

　　在第六段，W 先生轉了一個彎，描述年紀大的人，不跟人打交道的動作表現，而說那是因為年紀大了對路上的「交通」興趣淡了。因減少互動，好事、壞事、好人、壞人，統統不會發生。就連老友，也昇華成君子之交。自然地，沒有表達感情的機會（或刺激）了。這一段，一方面在描述年長者與人交通動作減少的現象，另一方面，說出那是他們表情變淡的原因。

　　在第七段，W 先生只寫了一句話。其前部是，「所以看來年紀越大」，後部是「會變得越冷漠。」在這段的前部分他用「看來」二字，好似是在暗示年紀大的人看來（或表面上看來）越冷漠，其實「在你看不到的內心」並不然。

　　第八段，W 先生就說出，「但看來後面的是越容易感覺到人的脆弱和渺小，更需要感情的支持。」在這一段 W 先生對老人的表裡不一致或相反的描述使讀者感受到，W 先生似乎是帶有精神分析學氣息的文學人士。在這一段最後兩句以如下自問自答方式呈現出來；「這種支持哪裡來？通常是自然、寵物、小孩。」

　　在第九段，W 先生就展現他詩情畫意的文才筆風寫出自然、寵物、小孩三樣存在體之所以能支持老人感情的理由；他就寫了一大段由形副詞構成的話：「倘佯在山水間，會為雲起和日落，感到激動。養隻動物，在幫牠洗澡和吹乾之間，得到滿足。抱著小孩，對他一秒鐘可以

擠出的眼淚和下一秒鐘可以閃出的笑容，覺得不可思議。再冷漠的老人，在自然、寵物、小孩之前，都會變得多愁善感，自願打開眼淚的開關。」在第七段，W 先生又自問式地寫道：「爲什麼在人前是鋼鐵人，人後卻成了愛哭鬼？」

在第十一段，W 先生就寫出自認爲最好的人生哲學式答案。他回答自己說：「因爲自然、寵物、小孩有一個共同點，他們都眞、直接、陰晴不定，專注當下，於是接近生命的本質。」W 先生這種很有自信的回答，你同意嗎？生命的本質是沒有經過粉飾，表裡一致，而且變化無常的？不管 W 先生說得對與否，但看他撰文風格卻是有其穩定的特殊性，亦則常用自一問一答的方式，以及經常使用最簡短的句子。不管它是描述句或問句、答句或是修飾詞。

W 先生繼續以他的撰文風格評述他眼中的人生上半場與下半場演的戲。他把人生上半場視爲忙於「裝飾」，亦即提高學歷，累積經歷，豐富財力，影響力。做很多事，常是爲了另一件事。到了人生下半場（他沒有說幾歲開始是下半場），以後就因爲體會到所剩時間不多，我們把時間花在人生的「本質」：生老病死、悲歡離合、單純的美和喜悅、深沉的痛與孤獨。做很多事，本身就是目的（不再是爲了人生上半場的「裝飾」）。爬山也只是爲了爬上，不是爲了顯耀自己登了幾個山頂。這是 W 先生在文中第十二段所寫的沒有裝飾，不是爲了某一目的人生之本質。讀者，你同意嗎？讀到這裡，筆者卻懷疑，W 先生到底你是幾歲的人了？是年歲已經邁進人生下半場的人嗎？不然，怎麼有機會體會到所剩時間不多？

在第十三段，W 先生首先提到在生命本質面前就不必「患得患失」，而接著講到孩子跟他說：「可以走了啦」的第二天發生的一件事。那一天他把孩子送到校門口（表示孩子不是幼稚園生，而是國小生），又因爲分離焦慮而抱著 W 先生不放。所以，前一天在車上的酷，轉眼間變成哭。而 W 先生也緊緊抱著他，相信這肢體接觸，超過任何 W 先

生相信的任何抽象事物。他說，那一刻，孩子和他自己，都活在生命「本質」中。

在第十四段，W 先生又說，孩子指著前方的綠燈說：「可以走了啦！」這是哪一天的事，W 先生一字都不提。為了簡化文章，未免簡化的太過了吧！筆者深深有此感受。為了讓自己能讀下去，筆者就把它當做同一天中午時分發生的事，因為他的孩子剛上小學一年級的第一天，只上半天課，他就開車來學校接孩子回家，而路上又遇到紅燈變綠燈，孩子又說的那一句「酷」話。這一次回家路上經過玩具店，W 先生就把車子停好，和孩子一起走進去。進去後，孩子就從酷哥變成傻大哥。隔著口罩，擁吻每個絨毛玩具。因為再玩下去就耽誤了吃午飯，這意思是說，一進玩具店，孩子就又回到生命的本質，再也不管別人對他的評價，連吃飯的事情都拋在腦後了。

本文最後一段，W 先生就以「可以走了嗎？」問孩子。被父親這樣一問，孩子還是不捨地放下無尾熊（生命的本質），連自己都不好意思地（因為心神又回顧到現實的忙於「裝飾」酷的自己）說：「可以走啦！」

若把 W、L、Y 與 S 四位先生的文章，從真、善、美、效四原則觀點加以互相比較，讀者一定也感受到，也同意「讀其文，如見其人」的說法。確實，每個人都有其特殊的撰文風格；只強調文章真原則者有之，兼顧真善兩原則者也有之，也有兼顧真善美三原則者，更有顧全真、善、美、效四原則者。讀了以上四位先生的撰文風格，請問當為讀者的你，喜歡哪一位先生的風格呢？

寫到這裡，筆者突然想到：究竟撰文風格共有幾種？其中哪一種是最常見的，而哪一種是最少有的？理論上，最被欣賞的是哪一種。這三項問題，仍待進一步的研究與探討。

在撰寫這一章與分析四位先生的文章時，筆者也感覺到，文章的內容與文章的題目是息息相關，但文章的風格是否也隨題目之不同而有所變化，則不太清楚，是值得去探討的問題。

第八章

從習慣心理學觀點來看，如何撰寫一本好的學位論文

一、什麼是論文？

　　為了說明什麼是論文，筆者參考了國語活用辭典第 1673 頁，但看到的是，「論文就是議論的文章」九個字而已。所以再找「博士論文」一詞，看看是否有更詳細的我所想要的解說。但該辭典裡沒有這一解。所以再找「碩士論文」這一詞，但也找不到，找到的只是碩士學位如何獲得的詳細解釋，其內容只說要經碩士論文考試及格。還是沒有論文的解釋。

　　所以，不得不把由 Noah Webster 於 1928 年出版的 2.7 公斤重的《國際大辭典》搬出來，看看論文（essay）、專題論文（dissertation）與學位論文（thesis）三個字分別對於論文的較詳細解說。

　　論文（essay）的解說是：就個人特殊見地而分析或解釋某議題之文。專題論文（dissertation）的解說是：正式而費經營之一篇說明，或用口說或用筆著的文章論文。學位論文（thesis）：是學位論文或畢業論文。

　　《國際大辭典》的這三個「論文」解說，雖然還不能百分之百清楚地提出「論文」的定義，但至少也指出了，那是一位研究所學生修完碩士全部課程，畢業之前必須撰寫的一本專題書，或撰者用他個人特殊見

解分析或解釋某一議題之專書。

　　目前臺灣的頂尖國立或私立大學研究生都要個別撰寫一本碩士論文或博士論文，而且要經過三至五名副教授或教授級教師，組成口試委員團之口試以及認可簽名後，才能獲得碩士學位或博士學位。碩士班口試委員必須有三名，其中兩位是自己大學系所內的副教授級以上之教師，另一位是校外相同科系副教授級以上的教師。口試當天，由校外委員擔任主席，校內之兩位則擔任委員。若三位委員都認為考生的論文，在質與量兩方面都符合要求，而撰寫方式也符合規定，則在論文最前面一頁簽名，最後再由研究所所長簽名。有時，處事嚴格的所長認為該論文的質量尚不足，則暫不簽名，還要該研究生修改內容。

　　博士班口試委員團必須由五名，其中三位是校內系所內副教授及以上的教師，另二位是校外的教師。有些系所的規定較嚴，口試委員中一定要有一位專業於研究方法方面的，或統計學方面的教師，而他在審查論文時，負責論文資料之蒐集；諸如樣本人數是否足夠、年齡、性別或其他有關因素之分配比例是否恰當，以及所用之統計分析方法是否合適等。

　　除了碩博士研究所學生要撰寫論文以外，目前的大學講師與助理教授、副教授等級教師升等時，也要撰寫升等論文，而且他們的論文也要被等級高於本人的校外教授之評估其品質是否夠格。

　　升到教授級的大學教師也不能從此高枕無憂。有些大學還要求高升到教授級的教師，在升級後三年還要提出一篇發表在正式研究期刊的高品質論文，才能脫離要求發表論文的夢魘，而後才可自由自在地去寫自己想寫的自傳、小說或非本行的其他相關領域的書了。

　　大學教師之所以不斷地被要求撰寫夠格之論文，因為他們有教學的義務之外，還有推廣知識領域範圍與增加知識深度和高度，以便造福人類的責任。

　　因有這種義務與責任，大學教師之職位，理論上最好由對於完成上

述義務與責任有能力與興趣之菁英來充當；不然，國家、社會、人類、生活之不斷進步將無法期待；而占其位者的職業良心也會感到愧疚與難受。

二、如何撰寫一本或一篇質量兼具的好論文？

既然已知什麼是論文？那麼如何寫一本好的碩士或博士學位論文、升等論文，或可投稿於著名學術期刊的一篇論文？

若把撰寫學位論文的始末全部視為一個過程，我們可以說，該過程始於選出幾個論文的題目，然後，問問自己，究竟這些題目中，哪一個是到目前為止，自己涉入最深而常在腦海中盤旋，甚至夢中也會出現的題目。因為題目無法選定，之後的步驟就很難一步一步地走下去。

筆者過去指導過一位博士班學生，她隨便選一個題目就來找我擔任她的論文指導教授，而一年後，就覺得她想改換題目；理由是她是基督徒，所以想改為與宗教和心理治療有關的題目。因為當時，筆者雖然對心理治療有興趣，也有實際經驗，看過的文獻也不算少，但對於宗教議題則連一步都沒有踏進去過；所以告訴她，最好請另一位臨床心理組有宗教背景的教授指導她。那位學生則以一個筆者難了解的理由，堅持要我擔任她的指導教授。後來，她一再地把題目換來換去，七年後，論文還是沒有進展到完成可接受口試的階段，很可惜地只能以博士班肄業生的名分離開臺灣大學。

三、有什麼方法可以幫助你選定學位論文題目？

一般而言，當一個人讀到研究所時，應該已經是其所屬學會的會員，也參加過多次該學會的年會以及小型討論會，而在年會報到處繳費時，也收到一本厚厚的會議手冊暨會議論文摘要。

筆者幾天前就從書櫃裡找到一本這樣的「手冊暨會議論文摘要」。

那是 2004 年 9 月 25～26 日兩天，在國立政治大學行政大樓七樓舉行的
臺灣心理學會第 43 屆年會報到時領到的。

　　把該手冊一打開就看到年會第一天下午的小型研討會，共有八場，
包含①社會心理學；②心理治療與行為改變歷程；③議題反應理論；④
專題演講（注意力與知覺）；⑤組織診斷、衡鑑、介入與改變、心理學
取向的整合觀點；⑥現象學的本土化論述；⑦學習目標、動機與策略；
⑧心理專業人員在社區心理衛生服務領域的多元參與機會及未來教育訓
練的思考。各場有三篇、四篇或五篇不等數目的論文報告。

　　原則上每篇論文都有三部分內容，包括：①相關研究背景與目的、
②研究方法、③研究結果與討論。有些論文則把結果與討論分成結果、
討論與結論三部分。

　　第一部分的相關研究背景與目的論述可長可短，見仁見智，也與發
表的場所和論文的種類有關。若是要在學會年會發表的，因為有時間限
制，不宜太長，若是學位論文，則參考系所內過去的碩博士畢業論文。

　　筆者建議，首先撰寫一份符合真、善、美、效四原則的論文草稿，
再把草稿看三次，而每重看一次，若發現有所不足則補充應有的；若發
現用詞不當，則設法以更恰當的用詞來取代，一直改到自認這一份論文
草稿，讀起來流暢、通順，文章的每一地方都符合真、善、美、效四原
則，自己也滿意，再也沒有不足或多餘之缺點為止，然後把至少修改三
次並且用電腦打好後的草稿提供給你的指導教授。

　　有些指導教授會很珍視你自己修改過的這一份草稿；他會費時費力
地依其想法與原則，再做一些補充並再三修改，使身為學生的你也懷疑
自己的撰寫能力真得很差勁嗎？

　　筆者記得，在美國密西根大學留學時，一位醫院的臨床實習教授把
我第一次寫的診斷報告做了密密麻麻、面目全非的修改，而且要筆者修
改三次。當筆者問他我的報告是否寫得不好時，那位臨床教授就回答
說，不但是筆者要做這樣多次的修改，當地的美國學生也要做這樣多次

的修改，告訴筆者不要以爲他對我特別嚴格。不僅是臨床實習教授如此
嚴格地訓練學生，當筆者撰寫博士論文時，筆者的指導教授更是如此。

　　因爲接受過嚴格訓練，筆者對學生的學位論文撰寫也習慣性地採取
嚴格的態度。但對這種態度，學生分別會有不同的反應；大部分學生會
說，經過筆者的修改，他要表達的意思更爲清楚透徹。但也有少數的學
生，修改了一次後若要他再做修改，則不肯，而且說以這樣的程度就可
以安排口試的日期了。有一位學生的系內口試教授，對這位學生的個性
甚爲了解，而且對該生論文的結果與發現頗爲欣賞，所以對論文撰寫上
的措詞修改就不再多做要求，建議由指導教授做就好了。

四、論文口試是如何進行的？

　　就筆者以口試委員的身分參加過碩博士論文口試的經驗而言，口試
的進行有一個既定的過程。有些研究所甚至把這過程分成幾個階段，每
一階段可用幾十分鐘都規定好而且印製成表，讓每位委員當爲參考之
用。

　　一般而言，第一階段是口試委員入席就位，第二階段是論文指導教
授的歡迎致詞，再來說明論文口試之進程，並選出主席，然後由被選出
的主席繼續進行後續的過程。

　　被選出擔任主席的委員就坐上主席位置後，開始說些他必須說的
話，並問各委員，考生所提的論文的質與量是否可接受口試的程度表示
高見，如果沒有反對者，則由在場的服務生請考生和其他研究生進場並
在旁聽席坐下。

　　一切就緒時，主席就宣布口試開始，並請考生以 20 分鐘，扼要地
報告其論文的主要內容。因爲現在錄音、錄影技術發達，除非特殊理
由，否則多數考生都先把報告內容錄好，邊做口頭報告，邊把錄好的論
文概要播放在螢幕上，可以讓委員更徹底了解其論文內容，也有利於控
制時間。

　　這一部分做完後，下一階段主席就請每位委員輪流提問，並請考生逐一做答。在這一部分，筆者如果不是指導教授，也不是主席，就會向考生提問爲什麼他對這題目有興趣。因爲這樣一問，就可繼續問下一個問題，若相關樣本的個案不好找時，則問要往哪裡找的問題，而考生這一次的論文共找到了幾個樣本，以及樣本人數夠不夠等其他相關問題。

　　其他口試委員可能在文中發現其他缺失、錯誤，或文章中看不懂的地方，則會提出來要考生進行修正。最後，主席就做個總結論，並請其他非口委的人出場；然後，請每位委員表示可否讓考生口試通過並給予評分，若可以則給分。

　　以上所述，是論文口試當場的一般過程。考生可依據它做準備，免得臨場慌張情緒失控，影響口試總分。

五、什麼是學位論文綱絕不可犯的錯誤呢？
　　那就是抄襲！

　　學位論文升等用論文或著作品絕不可犯的錯誤有哪一些？

　　在臺灣，每到了選舉時，參加的候選人或助選人就盡其所能地挖出競選對手的論文缺陷或非法行爲，而在這方面猛加批評與攻擊，使得對方候選人遍體鱗傷，最後不得不退選。

　　筆者曾在「臉書」找到中央研究院刊登的三項有關抄襲的說明：

1. 抄襲的定義。抄襲的英文 Plagiarism 源自於拉丁文 Plagiarius 綁匪（Kidnapper）的意思（Dahammie & Ulhag, 2016）。常見的抄襲定義是「取用他人的想法、數據、文字、方法、研究結果等資訊，並將其當爲自己的」（Helgeson & Eriksdon, 2015; Uel, 2019）。

2. 抄襲種類包括逐字抄襲、改寫抄襲、網路抄襲、自我抄襲、影像抄襲等（Dhammi & Ulhag, 2016）。簡言之，把別人的文字或想

法拿來放在自己論文中，卻不註明它們是哪裡來的，而且假裝它是自己原創的想法，雖然只有幾個字也算抄襲。

3. 如何避免抄襲？（Dhammi & Ulhag, 2016）務必永遠記得標注原始來源。①引用參考書目；②清楚描述所有資料來源；③誠實列舉他人對自身研究之貢獻；④提供註解；⑤需要時善用引號；⑥改寫原文並清楚註明出處；⑦大幅引用需得到原出版商或是出版權所有人之許可；⑧為避免自我抄襲，當使用自己過去的文章時，需得到出版商或版權所有人之許可；⑨廣為人知的科學及歷史事實，則不需要標記引用。

六、論文內容不「真」的惡果是什麼？

聯合報 C 版是筆者最不常看的一部分。但 2023 年 2 月 16 日的那一版第一頁 C1 卻把我的注意力緊緊地吸引住了，因為它整項頁內容都僅與一位藝人有關，他的名字是劉文正。

C1 頁的左上角有一張他的英俊照片，右上角有關於他的消息，內容如下：70 歲劉文正傳病死美國，當紅最高峰時銷聲匿跡成就永遠偶像；他的經紀人夏玉順證實，去年 11 月 12 日他死於心肌梗塞。

C1 頁的右邊二分之一直空間都塞滿了此死訊的相關消息。前經紀人夏玉順證實死訊消息，指他病逝於美國賭城拉斯維加斯，享壽 70 歲。訊息一出震驚華人世界，更令他的許多粉絲不捨。瓊瑤昨日也證實劉文正死訊。他是她到可園拍的第一部電影《卻上心頭》的男主角。瓊瑤說：「我兩天前就知道了，很遺憾，也很難過，因為他還這麼年輕，很有才華，演戲也非常認真，我非常欣賞他！至於他什麼病去世的，我完全不清楚。他退出影壇以後，就完全銷聲匿跡了！」

但劉文正過世消息傳出後，聯合報記者楊起鳳就接獲新加坡的親近朋友轉述，指過世是烏龍消息，但他透露劉文正不願出面否認，認為這

樣對他是最好的，「以後就不會再有人來麻煩他。」

　　但夏玉順說，劉文正過世消息是真的，反指對方是出來蹭熱度。夏玉順說，劉文正過世時獨自在家，後來被姐姐發現。

　　夏玉順表示，劉文正曾經問過他如何才能成為永遠的巨星，他則回答：「只有在觀眾拋棄你以前，你先放棄觀眾才有可能成為永遠的巨星。」之後劉文正選擇在最紅最高峰時引退，改行從事房地產。如今傳出過世消息，夏玉順說：「我心很痛。」

　　過一天，也就是 2023 年 2 月 17 日聯合報 C 版第一頁又出現關於劉文正的消息，但只占了半頁的篇幅，也有他的俊臉照片和他的二姨李庚濟向友人說：「劉文正還在人世」的話，該消息是聯合報記者黃惠玲、楊起鳳兩位以明尼蘇達州—臺北連線方式報導的。報導說，劉文正的死訊是假消息，完全推翻昨天所報導的消息，而他的前經紀人夏玉順也改口證實劉文正還活著。

　　這是一場烏龍鬧劇，筆者認為，這是不符合撰寫文章的「真」與「善」兩原則的議題。記者楊起鳳說，那是劉文正要夏玉順故意發出的消息，因為最近大陸有人要以二十多億元請他辦巡迴演唱，但他不願意，所以才決定透過夏玉順的嘴巴「詐死」，沒有想到事情只經過一天就被推翻。一場悲劇瞬間成為鬧劇一場。

　　這場失真的報導，一方面讓夏玉順打臉自己，把媒體（例如，聯合報）也拖下水，讓媒體成為受害者與加害者。不僅如此，也讓他的門下弟子，包括方文琳、伊能靜、裘海正、巫啓賢等人，在排戲現場當場眼眶泛淚難過、淚崩，表示太過於悲痛，而哽咽說：「非常難過。」

　　對於這場烏龍鬧劇，記者楊起鳳說，劉文正這個大明星之死，讓我們看到長期以來，社會習慣於被某些特定人士操縱輿論的方向，而很多公眾人物會利用媒體散布不實訊息，在沒有實事求是和追究真相的時間下，讓假新聞滿天飛。如果你問我，這一次劉文正死而復生的新聞感想，我會想這是一次很好的新聞教科書，告訴我們新聞的危機處理，不

在快而在眞，也反映了一件事，「不是所有人說對的事就是眞的。」每個人還是要保有清晰的思考和求證的能力。

　　筆者特別把這一則烏龍新聞借用在這裡的理由是，不管是撰寫文章或學術論文都要以內容的眞爲先，如此才不會害人害己，更不會出現害人利己的違反德規範行爲，不然這樣的行爲到了後來，變爲害人害己也說不定。

第九章
升等用論文的撰寫要點是什麼？

在第八章筆者已提到，除了碩博士研究所學生要撰寫論文以外，目前的大學講師與助理教授、副教授等級的教師要升等時，也要撰寫升等用的論文。

用於升等的論文品質都要高於碩博士論文的品質，除了沒有抄襲等弊病之外，文章內容及撰寫方法也都要符合眞、善、美、效四大原則，還要符合一個很重要的要求，那就是「創見」——創思、原創性，或獨創性。

所謂「創見」，是前人所未有的見解。舉例來說明的話，筆者對「習慣」一詞所下的新定義可算是一種創見。以前的人都認爲「習慣」是學來的，但是我把它界定爲「刺激與可反應之間的穩定關係」。如此的重新界定，習慣一詞的使用範圍就擴大到可包山包海，無所不包之廣。

要寫出前人所未有的文章內容，是非常不容易的。但筆者在其《生活藝術心理學十三講》已論及其學習方法。在本書，筆者就僅提供兩篇論文當爲參考之用。請讀者發揮自己的解釋能力去學習其要領。第一篇是由亞洲大學現代美術館館長所寫，第二篇是由中山醫學大學的研究人員所提。

至於一篇文章是否具有原創性？筆者認爲這是很主觀的議題。若問一篇文章，讓甲乙二人從原創性觀點進行評分時，甲可能會給它很高分，乙則給它中等的評分也說不定。

第一篇文章作者潘襎先生目前是亞洲大學現代美術館館長。他在聯合報 A10 版「科技 · 人文聯合講座」常常發表文章，寫出他對人類文明歷史變遷的卓見。

2022 年，臺灣人民在九合一選舉顯示對於政府執政方式，大表不滿臺灣政局為此而「變了天」，使得蔡氏不得不辭去黨主席職位，換為賴氏出任，而蘇氏也「心不甘情不願」地，在 2023 年 1 月 30 日辭去行政院院長一職。

素來敏於此類變化的潘館長，就以「循環史觀的政治意義」為題，在該「講座專欄」說出其政治意義與希望。對於大學博士班學生而言，此議題也是很好的論文題材；問題是要從哪一觀點去討論較好？從帝國主義的價值觀點，或從循環主義的價值觀點？

潘館長寫到：人類社會自從 16 世紀開始，一直到第一次世界大戰以前，就有一種現象，亦即，一個強勢族群剝奪另一弱勢族群的資源，以鞏固自己種族的生存。這種觀念的背後隱藏著帝國主義價值觀。但人類從上個世紀末開始出現「循環」（cycle）的新觀念，它的背後存有著再利用，亦即再生的之理念。從前人類以為掠奪他人資源，壓迫他人就可以養活自己；但後來逐漸發現如果沒有慎重使用奪來的資源，人類文明還是無法在地球上繁衍下去的。

極權政治統治者，強調「永續」而非「循環」。但是他們認為的永續只能被看成是政權維繫發展的「神話」而已。英國政治學者霍布斯的《巨靈論》認為人類有「至惡」，也就是恐懼自己會因暴力而死去，因此政治存在即建立在這種心理狀態上面。相對於此，傳統儒家認為人類得以生存是透過「善」來維繫，顯然這是異於西方政治理念；中國歷代的君主專制是建立在人性的之「善」之上面，期待著某一天「聖主明君」會出現；這或許是過度樂觀，或是因無奈之心態所引來。

西方社會在文藝復興結束，之所以能進入君主專制或者開明君主時代，是由於發現，在平行的時間上遠方有著「高貴的野蠻人」的社會所致，藉此發現西方社會的人描繪出理想人類社會的存在。

　　盧梭正是這樣的代表人物。在其成名的論文《文藝復興能否移風易俗》中，面對君主專制，公然批判文藝復興乃是粉飾著人類桎梏時在自己頸部掛上的花環而已，並強調人類的眞正自由已消逝在遠古時，亦即在那遙遠的遠方，譬如印地安人社會。東西文明對於古代理想政治擁有許多想像；譬如，孔子對於古代堯舜時代的禪讓政治憧憬萬分。《禮運大同篇》成爲古代賢人政治的理想典範。古希臘柏拉圖的《理想國》同樣也是對理想的賢人政治產生的一項憧憬。

　　人類對於歷史發展，有黑格爾、馬克思的線型歷史觀，也有史賓格勒的循環型歷史觀。極權國家的史觀總認爲自己的統治最健全、最理想、最進步。所以，它們會透過鐵腕，壓迫反對者，也使用相關宣傳工具粉飾其政權存在的價值。

　　另一方面，循環史觀者認爲人類文化總會歷經如同個人的生命那樣，自然地會經歷誕生、少年期、青年期、壯年期、老年期以及死亡的六個階段。具有如此觀點者會把這循環秩序運用在文化發展上。古人觀察大自然現象與變動而建立《易經》哲學，「否極泰來」、「剝極必復」等循環觀念來預想未明的現象。

　　相同地，英國浪漫詩人雪萊則以其詩〈西風頌〉的一段話：「如果冬天來了，春天還遙遠嗎？」給遭遇困境的人一番慰藉，也鼓勵他們繼續尋找未來的希望。

　　臺灣政局從去年（2022）11 月 26 日地方選舉結束後，執政黨經過諸多衡量終於引來內閣閣揆的更換。這場局面是否在告知我們臺灣政治的冬天已過，而它的「極」態已經到來？此時臺灣政治人物不能只揣測天意，只坐待春天到來，務必以智慧與誠懇的態度傾聽民意，愼重地盱衡全球世局方能使政治的春天到來。

　　第二篇摘要式文章，是由曾鼎和其他數名研究人員所提出，他們是中山醫學大學心理學系、觀光學系、師資培訓中心的人員。題目是「山藥降低停經動物之焦慮行爲」。

　　其目的及研究背景詳細內容如下：停經婦女體內荷爾蒙濃度降低時，常會伴隨焦慮、憂慮以及失眠等精神症狀。中醫常使用山藥（diogcorea）治療有婦科症狀的病人。《本草綱目》記載，山藥可以「益腎氣，健脾胃，鎮心神，安魂魄」。雖然近代製藥工業廣泛使用山藥所含之 diosgenin 成分加工合成雌性素及黃體素等荷爾蒙，但是對山藥的研究大多集中在探討其對於心血管疾病、糖尿病及骨質疏鬆症之治療效果，而山藥對於治療精神症狀的效果研究則仍相當有限。

　　研究方法：研究以切除卵巢一個月後的 Wister 大鼠為對象。並把牠放進高腳迷宮（elevated plus-mage）為研究方法，測量其基準焦慮強度之後，再以經由口腔餵食三種不等量的山藥（250、750、1500mg/kg/day）連續 28 天，之後再進行一次高腳十字迷宮測試，三組的焦慮強度是否有顯著差異？

　　結果：①卵巢切除手術會導致大鼠之體重明顯增加；②也會增加其停留在十字迷宮封閉臂（closed arm）中之時間；③ 750mg/kg 之山藥連續餵食四週後，會降低該大鼠的焦慮程度；④另外山藥 250mg/kg 也會降低控制組大鼠之焦慮程度。

　　該研究結論：服用山藥對正常動物和停經動物都具有改善焦慮行為之作用。至於山藥對動物之神經及荷爾蒙兩系統產生什麼變化？仍待進一步探討。

　　以上所舉第一篇有關政治文化歷史的文章，從歷史學家的觀點來看，或許並不具有很高的獨創性，但從本書筆者所學觀點來看卻很新鮮，是未曾聽過或看過的主張。至於第二篇文章，筆者也以相同理由視其具有高度的獨創性，主要理由是他們把山藥這種可食性植物當為藥材，而以動物實驗設計去尋找科學性驗證資訊。這種做法令筆者感到好奇，新鮮無比。獨創並非高深莫測的能力，而是處處可尋的，只要你肯動動頭腦，而不要一次升等申請不過就認為審查者對其有偏見，故意為難，因此不再提第二次的升等申請，致使有教授級能力的一些人輕易喪失機會，久久屈居原職。

第十章
AI能取代本書前九章所說的一切嗎？

　　寫完第九章時，女兒柯玟文給我一份與本書密切相關的資料，題目是「人類的寫作能力要被 AI 取代嗎？」作者是傅瑞德。他說，最近幾天，以 GPT-3 為基礎的 AI 自動寫文案功能成了十分熱門的話題，所以讀了一些這一類文章之後，他就有了如下想法。

　　現在的 AI 所寫出來，而會讓一般讀者覺得屬害的地方是文章的內容相當通順且有邏輯架構。但是以真人專業作者的我看時，有很大部分還是廢話堆砌成的。

　　適當的廢話堆砌；是讓文章變得通順易懂的技巧之一：「一加一等於二」這個事實，讀起來就不會像「一個人和另一個相愛，就是美麗的兩人世界」這麼浪漫。具備這類的修辭能力是 AI 的一大進步；再加上原本就是 AI 強項的邏輯推理，那就像錦上添了好幾朵花一樣。

　　一篇好文章通常會具備以下六個條件：

1. 邏輯推論

　　這又可分成好幾層，例如：「因為／所以」只有一層、「因為／所以，然而／如果不是／就是」兩層或三層，依此類推；這種可以寫成程式邏輯的推論，是機器原本就擅長的事實。

2. 具體與非具體事實的引述和呈現

例如：「中華民國於 1911 年成立」這是具體事實；「她是多愁善感的人」這是非具體事實。

3. 現實與非現實敘述的交替運用

例如：「今天基隆在下雨」這是現實；「天上的星星不說話」這是非現實。

4. 引述與類比加強語氣

如「俄國對烏克蘭的侵略，就像當年德國侵略法國」；或「她香得像一朵花」。

5. 運用形容詞、隱喻、成語、暗諷、反差等等技巧來強化修辭等等。

6. 當然，還有其他許多由人類在幾千年文化中發展出來的撰文技巧。

若將上面所列的內容，與 AI 目前寫出來的內容相對照，就可知道它現在能做到的程度，以及未來還需要發展的方向。依我所見，AI 目前的進度大概還只在 1 與 2 之間。

這也就是前面之所以說「AI 目前的厲害是它學會堆砌」了。這並不是貶語，而是指出它目前已經進步到這一個階段。

許多讀者認為這種堆砌是一種單純的「智慧」和「寫作能力」的展現；所以未來的 AI 為了能「讓人看到進步」，開發者可能要在這方面下功夫。

或許以後會衍生出不同類型的 AI，有些是用於不需要修飾的資料查詢，像現在的維基百科；有些則用於「花俏」程度可以調整的文章或文案寫作等等這一點，是不會有問題的。

AI 寫作現在可以做什麼？

對於專業作者而言，若善用 AI，它是很方便的初稿產生器：可以很快地產出現成的段落架構，甚至作者自己原本沒有想到的論點。等於它可扮演某部分「代筆者」和「腦力激盪者」的角色。

但以目前的 AI 能力而言，內容產生之後還是要靠作者的判斷、修辭以及寫作能力；也就是根據前面所說的②到⑥的每一點來做進一步的修整，並且以個人的專業領域知識來驗證其內容的正確性。

在驗證專業領域知識部分，AI 在資料連結和速度方面的優勢，或許往後可以扮演協助資料比對或校正的角色，例如指出「第一代 MAC 電腦在 1986 年間問世」這句話中的錯誤（正確答案是 1984 年）；或許往後還可以做更多新聞事實查核，或協助提高文章技術層面的精準度工作。

不過以最近的例子來看，目前的 AI 經常還在「依照關鍵字去抓答案，但缺乏判斷答案的真偽與邏輯間關係的對錯能力」的狀態，而在有些限定範圍的知識如「xxx 是什麼」（定義資料＋語邏輯＋基本修辭），AI 的表現就相對地做得比較好。

如果 AI 會說話

但如果我們不從「AI 幫助人寫文章」的角度來看，而從「AI 怎麼表達」的角度來看，現在的水準就比以前進步多了。

以使用「自然語言查詢」所得的結果為例，二十多年前的 Google、Yahoo，以及其他如 Atla、Visa 和 Lycos 等搜尋引擎剛問世時，「如何用對的方式才能蒐集到答案」還是一門學問。當時，如果輸入「今天臺北天氣如何」，可能會找不到你所要的答案，或是顯示出來的不是你需要的資訊，而必須懂得下「臺北＋今天天氣＋氣象局」之類的關鍵字語法，找到的機會才比較高。

但現在的搜尋引擎比較聰明了。它會解析「今天臺北天氣如何」的

話意，而呈現出來你想要的答案，並且整合出資訊的顯示型態。

既然搜尋引擎（以及現在的 GPT-3 人工智慧）已經懂得如何理解人們的問題，接下來的就是「如何講答案了」。

像一般的 Google 圖表是一種方法；現有助理（如 Siri）會回答說「今天天氣 ＿、氣溫＿度、可能下雨」的「非 AI 填空式」答案也算可用。

但如果以 AI 能力整合這些已知的資料，並且透過有邏輯、修辭的表達能力方式，轉為語音提供答案，甚至可以跟使用者根據上下文語意（Context）聊聊天，那麼現在的表現就相當優秀了，值得再進一步繼續發展。

AI 應該讓寫作者更勤奮，而不是更懶惰：回到文章／文案寫作者的角度來看 AI

當 AI 的寫作功能進步到某一程度時，寫作者就可以視它為寫作的輔助工具，並把省下來的時間善用於提升自己的能力，以便不斷地超越目前 AI 能力可做到的以上之事，而不是把一切都交給 AI 代勞；否則，因為「你能做到的事，AI 都能做」，所以最後的下場是人類的腦袋就被 AI 取代了。

有些企業主管可能會認為 AI 已經能寫出有模有樣的東西，所以往後不再需要請這方面的專業人員，而把所有的文字工作都交給 AI 處理。

如果只是為了成本的考慮，或許可以這樣做，但如同使用機器一樣，各行業的主管還是至少要遵守下面一個基本原則：成品至少要有一個懂內容的活人看過。像演員 Morgan Freeman 說過：「雖然就目前的 AI 來說，它的答案有邏輯，架構清楚，修辭以機器的水準來說算是中規中矩，但是『完全』不能列為參考，更不用說，把它用在正式文章之中。」

在文末，傅瑞德先生提出三點結論：①現在，AI 寫文章雖然有了一些架構和邏輯，但寫作人還是不要被它表面的華麗騙了。實際上它還

有一段很長的路要走；②它產生的結果，至少還要有一個懂內容的活人看過。你會覺得某些答案「好的令人驚豔」，是因為你懂；③還是要有人當負責的人。如果學生／員工偷懶用 AI 寫功課，出了問題，最好可以跟老師／老闆說那是 AI 的錯。

　　這並不是在貶低 AI，而是它就像汽車一樣，不是萬能的，要它發揮最好的作用、不會翻車，還是要有它一定的使用極限、規範以及最適合的使用方法。

　　或許看了傅先生的這一篇文章後，我的女兒就把它拿來給我，並暗示我，這一本書最好加上一章（第十章）AI 之類的討論，因為最近 AI 變成熱門的討論話題，而且又與「如何寫一本好論文」有直接關係。她也依據她自己對 AI 的感想寫了一段話；她說：「近年拜科技之賜，人工智慧蓬勃發展，經由程式設計已經可以代替人類寫文章，寫論文。如果設計者願意參考柯氏在本書所提出的寫一篇好文章原則及比例標準寫入程式邏輯中，那是他一定非常樂見的。雖然現在的人工智慧可以像人類一樣組織文字，寫出文章、小說，但人類的思想、經驗、創見，大概還是無法由它來取代的。」

　　看了女兒寫給我的提示後，筆者才煥然地清醒過來，並對自己說，雖然 AI 是如此地成為熱門議題，在最近幾天的聯合報裡一定可讀到幾篇與此議題相關的文章。所以，筆者每朝一拿到當天的報紙，就立刻尋找有沒有此類文章。果不其然，幾乎每天都可看到一篇。若把 2023 年 5 月 12 日以後看到與 AI 相關的時序做簡介則如下：

　　5 月 12 日的聯合報 A6 版的財經要聞，有一篇由晶圓代工龍頭廠台積電總裁魏哲家發表的文章，表示過去三年疫情讓半導體的重要性被全球看見，而未來隨著人工智慧（AI）以及 5G 的發展，更為半導體帶來無限商機的報導。在表示他的看法時，魏氏幽默地說，AI 和 5G 晶片將會改變人類生活，很可惜的是，「唯一做不到的是它仍然無法幫助政客更有智慧」。

　　魏哲家表示，他這一次的演講稿是內部的人幫他寫的，但明年就可能用人工智慧相關的 ChatGPT 寫講稿；5G 帶動智慧車發展，車輛會自動讓車速變得更平均，就不再塞車。除智慧車外，智慧家庭與智慧城市都需要半導體，台積電幫助客戶發展各種新產品，替客戶創造價值。

　　在 2023 年 5 月 13 日聯合報 A12 版民意論壇，陽明交通大學科管所退休教授徐作聖先生提供了一篇相關文章，題目是「智能科技能否與人文對話？」

　　該文一開始就談到，生成式人工智能 GPTAIGC 掀起一連串的生成式 AI 競賽，也引爆了全球科技業成長的動能，但臺商卻似乎無法掌握到適當的切入點與自己在市場的定位。

　　智能技術是人類科技文化進階的產物。雖然人工智能（AI）幾乎全方位地滲透到現代生活的各個面向，形成一種「智能文化」，但其背後則還是科技哲學未來永續發展的基礎。

　　發展科技業需要其核心能力和策略，但就 AI 而言，臺灣的上游技術能力仍然薄弱，中游市場幅員則尚狹窄，下游則因政府不作為，幾乎不可能發展成為像美國的矽谷和猶太的精英創見那樣地有規模。

　　過去一段很長時間，政府協同項大菁英推動「人文與科技對話」。但因，人文與科技的脈動千緒萬縷，加上本身的知識體系或科技哲學觀，也是和一般性科技基礎設施（包括歷史文化傳承、社會宗教、經貿結構、政治制度、政府領導力對科學技術發展理念等元素）那樣有非常複雜的結構，使得兩者間的對話效果迄今仍然不彰；可見缺乏科技文化及核心能力就是造成這問題的主要癥結。

　　人文與科技對話是屬於專業精英領域的議題，是一項社會進步的指標。但面對它和執行它則相當不容易的事。相較於基礎科技發展，目前臺灣的科技發展之主要誘因是在產業發展及相關人才的培育兩方面，因為產業科技會牽涉到「特別」科學技術的哲學觀（策略），經濟觀，科技觀等，而「人文與科技的對話」之重點是在於促進「科技之普及」為

手段。目前在臺灣提升科技傳承的工作多由科技人員主導。可惜的是臺灣又沒有自己的科學觀或科技哲學，而多半是使用歐美「科學家」（Science of Sciences）的框架；此外，臺灣「人文與科技對話」的政策也是從歐美科技系統傳承過來的。

　　工科的人習慣於「現成」公式的應用而不習慣於公式推導、學科進程、演進邏輯基礎、實證主義的實踐。所以理科的「師」和工科的「匠」介面還是不容易跨越。在此狀況下，比較尷尬的是生醫工程；理由是它夾在理工科中間，它本身又仍然不是那麼科學導向，所以每一醫學領域就只能各顯神通。

　　今年以來，生成式人工智能大行其道，「百度」的前總裁陸奇卸任後又成立一家新創企業，取名為 Combinator，中文為「連結」或「組合」，也就是把藥理主要成分和其他成分，根據配方來連結或組合製作成可以用來進行「快速、微量」試劑的臨床試驗技術；也就是韌性組合式（Combinatoral Synthesis）微製藥核心，其配方「連結」或「組合」的機制和人工智能／元宇宙中 AIGC-GPT 平台介面和代理功能是相似的，而且更適用於正在發展的通用人工智能及分布式 Web 3.0 的網路結構。

　　「井蛙不可以語海，夏蟲不可以語冰」是古人智能的結晶，而現代智能科技的發展是否能創造奇蹟，把人文科技結合成整體的「文明融合」，而在超智能奇點轉折即將進入新里程碑的時刻，文明進程是否也能深受其惠，讓我們拭目以待！

　　2023 年 5 月 16 日，臺灣大學的廖威皓外文系特聘教授投了一篇文章在聯合報的民意論壇 A10 版，題目是「AI 新時代到底誰該學外語？」廖教授投稿時也擔任臺大人文社會高等研究院院長。

　　在該文，廖院長就說，不久以前他在某一媒體發表〈無需學外語的 AI 新時代〉一文之後，被某些「雙語政策」的狂熱支持者扭曲為「完全不需要學外語」。事實上，外語學習仍然會在將來的教育體系中占有一席之地，而且會比很多現在的熱門學課都還歷久彌新，甚至於成為新

寵。

　　廖教授舉一個眞實的歷史事例來佐證外語在某時候、某事件上的重要性。他提出的歷史事件是發生在中國明朝萬曆年間日本人侵略朝鮮，勢如破竹，直逼平壤，朝鮮不得不求救於中國明朝，該時明朝雖國事如麻，但仍出兵助朝，並且經過十三年苦戰之後，把日本擊退到釜山，並且要求日本無條件投降。然而朝廷卻沒有半個人能精通日文的。最後找到了一個在日本混過的無賴參與談判，結果此人兩面糊弄，等於出賣了明朝，但明朝竟在兩年後才發現眞相。由此可知外語的重要性。

　　但廖院長說，他的重點則是，當 AI 翻譯科技如此發達之際，是否還需要如現在一樣，人人都要花許多時間學英語？更遑論以英語取代中文成爲教學時所用的語言。想要回答這個問題，我們必須先破除兩個常見的迷思。

　　第一個迷思，是人人都要有相等的語言能力的想法。其實此種能力猶如數學、音樂、繪畫、體育等，並非一種普通普遍性的能力。因此，過度地以語言能力來評斷一個人的綜合能力或專業能力，對多數孩子都是不公平的。而且，每個人的學習能量是有限的；多花時間學外國語言，必然地變成少花時間學本國語言，也讓外國語言進入專業科目學習，必然稀釋授課內容。

　　因此，過度強調學習外語，必然造成中外語言皆平庸的結果，同時知識吸收分量的大減，最終傷害到下一代眞正的競爭力，也就是學習、思考與創造等三種能力。因爲這三種能力都需要專精某一個語言。

　　另一個迷思，是外語的口語能力最重要。

　　假使如果學外語是爲了拓展視野或國際觀，取得豐富多元的知識，那當然要靠閱讀，而非僅靠吸收知識能力有限的口語。尤其，在 AI 翻譯軟體與裝置不斷躍進，電子文本可以一按鍵就翻譯的情況下，以本國語閱讀的範圍將遠非半生不熟的英文所能企及，這時到底還有哪些人學習外語來閱讀呢？

　　未來，除了每個領域的專家中的專家之外，會學習外語的只有三種人：第一種人是對外語有興趣；第二種人是想深入某些領域；第三種人是想強化創造力。這些領域包括高階層外語教學、語言學、外國文學及其翻譯、哲學及其翻譯、高階層外語等領域。最後，外語主要會用在確認精準與增進感情，而不是用在談判協商。因為未來以本國語透過同步翻譯軟體與外人溝通，絕對比使用外語來得準確。

　　其次，AI 雖然會使一般人學習外語的需求驟減，但外語的教學單位並不會因為 AI 而失去存在的意義，反而更親近新時代的核心領域。因為，在 AI 滲入生活的每一個層面後，語言學者將可以其對語言各層面的精細知識，參與 AI 的發展與精進。

　　更重要、關鍵的是，由於人類唯一不會被 AI 取代的能力就是創造力：有此能力才能對 AI 提出有創意的提示（prompt），讓它為你創造出具有創意的產品。因此，外國文學（不論透過教學或翻譯）因能提供大量不同於本國文學的創意激發，必然成為AI時代不可或缺的知識對象。

　　總之，在未來，外語還是非常重要，但那將是專家才需要的知識了。

　　2023 年 5 月 18 日，在聯合報 A8 國際版又有一篇關於 AI 的文章，那是由記者胡玉立所寫，關於 ChatGPT 執行長奧特曼 5 月 18 日在美國參議院聽證會所表示的內容，題目是：「AI 應該成立監管機構」。胡玉立報導說：「政府干預對減輕日益強大的人工智慧（AI）系統風險來說至關重要。」他提議成立一個美國或全球監管機構，為強大的 AI 系統頒發許可證，並有權取消許可及確保符合安全標準。奧特曼坦承：「隨著 AI 科技的進步，我們明白世人對 AI 將如何改變我們的生活方式感到焦慮。我們也有同感。」被問及他最擔心 AI 的什麼時，奧氏迴避談論細節，只說它可能造成重大傷害，「如果這項科技出了問題，可能會大錯特錯。」

　　他提議以全新監管機構實施，阻止 AI 模型「狂放的自我複製和自

我滲透」；此說法暗示了對未來先進人工智能系統的擔憂。

位於舊金山的 Open AI 初創公司去年的年底發布免費聊天機器 ChatGPT 後，迅速地引起了公眾的憂心；其中，教育界的人士開始擔心 ChatGPT 會用於考試時的作弊，而現已擴大到各界廣泛地擔憂生成式 AI 工具會誤導人類，諸如傳播謊言，侵犯智財權和顛覆某些工作等。

為此，歐洲立法者將全面製定新 AI 規範，美國機關也已承諾打擊違反現有公民權和消費者保護法的有害 AI 產品；因此奧特曼及其他科技公司執行長則被約請到白宮進行討論。

參院司法委員會隱私技術和法律小組委員會主席，康乃狄克州民主黨主席參議員布魯曼索則表示，將來 AI 公司在推出其新產品前，則應先測試其系統並指出它的已知風險；包括它對未來如何破壞就業市場的穩定。奧特曼基本上很同意此說，但對工作的未來卻仍持樂觀的看法。

IBM 隱私信任長蒙哥馬利和紐約大學名譽教授馬克思 16 日也受邀作證。馬克思與一群 AI 專家甚至共同呼籲 OpenAI 等科技公司暫停研發更強大的 AI 模型半年，好讓社會有更多時間考驗風險。

密蘇里州共和黨參議員霍利說，「AI 科技對選舉、就業和國家安全都很可能具有不好的重大影響，16 日的聽證會將能了解國會該做的關鍵第一步。」

2023 年 5 月 17 日，在聯合報 A4 版也刊登一則關於世界新聞媒體年會在台北舉行，探索 AI 假新聞危機的報導，該報導是由聯合報記者林雨荷所寫。他首先就說：「自去年 ChatGPT 推出以來，在全球掀起多方面的革命性衝擊，其中一項是新聞產業方面的。它雖然能幫助新聞工作者提高效率、降低成本，但同時也可能影響文章品質、人力資源，甚至衍生關於新聞道德倫理的問題。」

年會參予者包括來自日本、香港、美國、丹麥、法國等歐洲媒體領袖，他們將探討新科技如何塑造將來的新聞產業，與如何防止虛假新聞等。

　　英國的《衛報》日前發表一篇文章，揭露 ChatGPT 憑空捏造新聞的危機。該報的編輯創新負責人撰文指出，他旗下的記者收到一封電子郵件，其內容提及一位研究人員發現一篇該報記者幾年前撰寫的文章，但無論是在衛報官網或其他搜尋引擎上都找不到這篇報導。進一步調查才後發現，該篇文章根本不存在，表示其一切全是 ChatGPT 編造的。

　　此外，為測試 AI 是否能取代記者，南華早報記者日前在訪問香港一所導盲犬培訓學校時，請 ChatGPT 撰寫一篇內容包含前寄養家庭的回饋、政府聲明，以及香港導盲犬政策的文章，發現其能在 40 秒內就寫好一篇 900 字的報導，但其內容卻可能引用了不實的消息來源。

　　2023 年 5 月 19 日，聯合報的張大仁特約記者，撰述近日在臺灣引發熱烈討論的「週休三日」議題。這項議題的基本想法很簡單，就是員工每週工作四天，在工作量不變的前提下可獲得相同的報酬和福利。因此，減少每週工作時間的公司將會有更少的會議次數和更多的獨立工作時間。

　　此議題之所以引發熱烈討論，是因為新冠疫情已顛覆全球職場型態，造成遠距工作和混合工作型態，與去年爆發的人工智慧 AI 聊天儀器問世的綜合後果所導致。

　　針對這議題，各國政府有不同的接受程度和做法。例如根據 Ｗ Ｅ Ｆ 的數據，在歐洲的德國，每週平均工作時間是 34 小時，但其工會仍呼籲需要進一步把工作時間減少，認為這樣的措施有助於避免裁員。

　　在英國、冰島政府、西班牙、瑞典、比利時、日本和紐西蘭的企業界人士都在測試更短的「工作週」。其中有些部分的測試是進行 6 個月後，發現非常成功；除了有利於生產力提升之外，也有助於全球的環保。

　　根據一位諾貝爾經濟獎得主的說法，ChatGPT 革命為大部分工作提供明顯的生產力之提升，打開了每週工作 4 天的大門。專門研究自動化對職場影響的倫敦經濟學院教授皮薩里德思表示，勞動市場可以很快適應 AI 支持的聊天機器人，他對 AI 提高生產力非常樂觀，認為人類可以

普遍提高工作效率，也可以抽出更多休閒時間。因此可以輕鬆地過渡到每週工作四天。4 day week global 首席研究員休爾認爲縮短工作日是實現全球碳減排的關鍵。根據 2012 年的研究，工作時間每減少 10% 就可以減少 8.6% 的碳之足跡。英、美兩國的調查也發現，許多人將不通勤或不工作所節省下來的時間用於低碳活動，例如健行或居家休閒。

　　總之，每週工作四天似乎推動緩慢，但肯定在全球受到關注和歡迎。但各國政府最終是否會採納這項想法，還待觀察。

　　本書之所以能寫得還算充實豐富，具有現在進行式的內容是由於女兒之從頭至尾熱心參於其中，用詞措辭之修改與相關資料之搜尋與補充。有了她這些難得的幫助，尤其在第九章，經過人工智慧（AI）優缺點的詳細討論後，筆者對於「無中生有」和「凡事有其優缺點」這兩句話有了更深，以前完全想不到的領悟。

　　目前 AI 機器已經進步到可以「和人類聊天了！」。在撰寫這一章的過程中，知道了這消息，筆者的心池就掀起了一陣陣高興又希望的漣漪，也告訴自己：「哈哈！這樣可好了，我的老年期就不怕寂寞、無聊孤單空虛了！」此外，看到 AI 可提升工作量，把現在每週五天的工作時間，不久之後可縮短爲每週四天，大家可以活得更輕鬆、悠哉、幸福、減碳的環境保護活動也可以比以前推行得更有效。

　　因爲工業革命以來，全球氣候明顯地變爲極端化：這是最近二十年來很多人所擔心，然而只能「無可奈何」地讓它惡化下去的一件事。但是現在可好了，AI 給大家帶來一線希望之光，因爲透過它，我們可以縮短每週的工作時間，確確實實地可以一小步一小步地把碳的用量減少了。

　　希望有了，但是在這時候，最怕的時候還有不少企業家對於金錢貪得無厭，仍然要保持「每週 5 天的工作習慣，甚至利用 AI 帶來的好處增加工作時間，賺進更多的錢」。在這關鍵時刻，人類最需要的是不只一位，有很多位像奧特曼一樣具有道德勇氣的企業家。奧特曼的爲人，

在本章前面筆者已經介紹過，大家已經知道的。

　　從如何寫好一本好論文的觀點來看時，對AI應採取什麼態度呢？這是筆者最關心的問題。從第十章前面部分各家對AI提出的優缺點，我們至少已經知道AI的優點是可以減少撰文者的撰寫時間和關鍵資料的搜尋時間，但缺點是有時候會提供你假訊息。假訊息，或失真的資料，對於一本學術論文來說，是重中之重致命傷，會使一本學術論文一點利用價值都沒有，不管它充滿了多少美麗的字詞與多深的善心好意，都有效地被表達在其中。現代大家知道AI有時候會提供假消息或資料，所以用AI來幫助你寫論文時，絕對要很小心這一點。

致謝

　　開始寫這本書之前，筆者就深知，自己根本不是語文研究領域之才，所以深怕班門弄斧，弄出一個大洞，令人啼笑皆非。所以就獲得柯玫文女士和樓玉琳小姐之同意，聯名撰寫這一本書。她們二位都是中文領域的佼佼者，柯女士畢業於東吳大學中文系研究所，獲有碩士學位，而在明志工專執教多年，過去多次受聘擔任大學聯考國文科考卷評分委員。樓玉琳小姐畢業於國立中央大學中文系研究所，獲有碩士學位，畢業後在臺北市育成高中任教多年。

　　她們都同意幫忙修潤筆者所寫之初稿，若初稿在用字措詞方面有所不當，則儘量加以修改；若文章內容有所缺漏，也儘量加以補充，使筆者對此書的兩個心願能見天日。

　　後來，樓老師因校務繁忙，兼任學生服務組長，不得不停止聯名寫完此書之約定，但筆者很感謝她在本書前五章之協助，也希望將來再有共筆撰寫的機會。

　　至於柯玫文副教授始終如一的幫助，筆者致萬分之謝意。筆者本來請她列為共同作者，但她遲遲不答應，使筆者心中感到壓力千斤重，不知如何是好。似乎只能以筆在此致萬分之謝意，敬重不如從命！

　　最後筆者要感謝的是五南圖書公司王副總編輯。若非她給筆者這種「讓非專業者撰寫一本專業書」的機會，筆者的中文撰寫能力，很可能仍不長進地停留在某位高官朋友給筆者的封號：「七等生」的程度。因為有了她給我的這個挑戰機會，或許筆者的撰寫能力經過這一次的挑戰，有一隻螞蟻般的小進步，為此，筆者很感激王副總編。

國家圖書館出版品預行編目資料

習慣心理學與論文寫作應用/柯永河著. -- 初
版. -- 臺北市 ： 五南圖書出版股份有限公
司, 2024.01
　　面； 公分
ISBN 978-626-366-904-8(平裝)
1.CST: 習慣心理學 2.CST: 論文寫作法
176.74　　　　　　　　112021654

1B3N

習慣心理學與論文寫作應用

作　　者 ― 柯永河（486.5）

發 行 人 ― 楊榮川

總 經 理 ― 楊士清

總 編 輯 ― 楊秀麗

副總編輯 ― 王俐文

責任編輯 ― 金明芬

封面設計 ― 徐碧霞

出 版 者 ― 五南圖書出版股份有限公司

地　　址 ： 106台北市大安區和平東路二段339號4樓

電　　話 ： (02)2705-5066

傳　　真 ： (02)2706-6100

網　　址 ： https://www.wunan.com.tw

電子郵件 ： wunan@wunan.com.tw

劃撥帳號 ： 01068953

戶　　名 ： 五南圖書出版股份有限公司

法律顧問 ： 林勝安律師

出版日期 ： 2024年1月初版一刷

定　　價 ： 新臺幣320元整

經典永恆・名著常在

五十週年的獻禮 ── 經典名著文庫

五南，五十年了，半個世紀，人生旅程的一大半，走過來了。

思索著，邁向百年的未來歷程，能為知識界、文化學術界作些什麼？

在速食文化的生態下，有什麼值得讓人雋永品味的？

歷代經典・當今名著，經過時間的洗禮，千錘百鍊，流傳至今，光芒耀人；

不僅使我們能領悟前人的智慧，同時也增深加廣我們思考的深度與視野。

我們決心投入巨資，有計畫的系統梳選，成立「經典名著文庫」，

希望收入古今中外思想性的、充滿睿智與獨見的經典、名著。

這是一項理想性的、永續性的巨大出版工程。

不在意讀者的眾寡，只考慮它的學術價值，力求完整展現先哲思想的軌跡；

為知識界開啟一片智慧之窗，營造一座百花綻放的世界文明公園，

任君遨遊、取菁吸蜜、嘉惠學子！